Pierre Dessy

La nudité du serpent

Pierre Dessy

La nudité du serpent

Livre de la Genèse, chapitres 1 à 11

Éditions Croix du Salut

Impressum / Mentions légales
Bibliografische Information der Deutschen Nationalbibliothek: Die Deutsche Nationalbibliothek verzeichnet diese Publikation in der Deutschen Nationalbibliografie; detaillierte bibliografische Daten sind im Internet über http://dnb.d-nb.de abrufbar.
Alle in diesem Buch genannten Marken und Produktnamen unterliegen warenzeichen-, marken- oder patentrechtlichem Schutz bzw. sind Warenzeichen oder eingetragene Warenzeichen der jeweiligen Inhaber. Die Wiedergabe von Marken, Produktnamen, Gebrauchsnamen, Handelsnamen, Warenbezeichnungen u.s.w. in diesem Werk berechtigt auch ohne besondere Kennzeichnung nicht zu der Annahme, dass solche Namen im Sinne der Warenzeichen- und Markenschutzgesetzgebung als frei zu betrachten wären und daher von jedermann benutzt werden dürften.

Information bibliographique publiée par la Deutsche Nationalbibliothek: La Deutsche Nationalbibliothek inscrit cette publication à la Deutsche Nationalbibliografie; des données bibliographiques détaillées sont disponibles sur internet à l'adresse http://dnb.d-nb.de.
Toutes marques et noms de produits mentionnés dans ce livre demeurent sous la protection des marques, des marques déposées et des brevets, et sont des marques ou des marques déposées de leurs détenteurs respectifs. L'utilisation des marques, noms de produits, noms communs, noms commerciaux, descriptions de produits, etc, même sans qu'ils soient mentionnés de façon particulière dans ce livre ne signifie en aucune façon que ces noms peuvent être utilisés sans restriction à l'égard de la législation pour la protection des marques et des marques déposées et pourraient donc être utilisés par quiconque.

Coverbild / Photo de couverture: www.ingimage.com

Verlag / Editeur:
Éditions Croix du Salut
ist ein Imprint der / est une marque déposée de
OmniScriptum GmbH & Co. KG
Heinrich-Böcking-Str. 6-8, 66121 Saarbrücken, Deutschland / Allemagne
Email: info@editions-croix.com

Herstellung: siehe letzte Seite /
Impression: voir la dernière page
ISBN: 978-3-8416-9887-2

Copyright / Droit d'auteur © 2013 OmniScriptum GmbH & Co. KG
Alle Rechte vorbehalten. / Tous droits réservés. Saarbrücken 2013

La nudité du serpent

Livre de la Genèse, chapitres 1 à 11

*"En commençant par Moïse
et tous les prophètes,
il leur explique
dans toutes les écritures
ce qui le concerne".*
Luc, 24, 27.

*"Quand deux ou trois
sont réunis en mon nom,
je suis là au milieu d'eux"*
Mt 18, 20.

1. INTRODUCTION

Dans nos sociétés occidentales, pour beaucoup de nos contemporains, la foi en Dieu et en Jésus Christ n'apparaît plus comme une bonne nouvelle. Les églises continuent à se vider, les vocations se raréfient, la plupart des jeunes informés et catéchisés abandonnent rapidement la fréquentation religieuse.

Le message de Jésus pourrait encore apparaître à certains comme une bonne nouvelle à condition d'être débarrassé de son aspect religieux comme en témoigne Christian de Duve dans son livre "De Jésus à Jésus en passant par Darwin".

Le message de la bible présenté comme une vérité révélée, comme une affirmation de la réalité, comme une histoire telle qu'elle s'est passée historiquement ne fait plus recette.

Il serait plutôt une mauvaise nouvelle de laquelle il faut se libérer, voire qui empêche de découvrir l'intérêt pour aujourd'hui de la lecture de la bible et de la rencontre de Jésus. L'existence même de Dieu devient obstacle pour aborder positivement les problèmes existentiels aujourd'hui.

Et si l'on osait lire la bible autrement.

Si l'on appréhendait la parole de la bible comme le témoignage d'hommes et de femmes racontant le sens de leurs rencontres, le sens de leur vie.

La bible serait alors le récit d'expériences à ce point intéressantes qu'elles ont été mises par écrit à travers les multiples livres qui la constituent, qu'elles ont servi de référence et de point de dialogue à des centaines de générations, qu'elles sont apparues comme "bonne nouvelle" pour la vie de millions de personnes. Ne retrouverions-nous pas ce que ces récits étaient à l'origine? Ne retrouverions-nous pas la parole "de Dieu" ou du fils de "l'homme" comme parole de vie, comme parole vivante?

Nous pourrions alors mettre le récit de ces expériences en dialogue et en résonance avec le récit de nos propres expériences.

Dans la mesure où nous lisons la bible comme le témoignage d'une expérience humaine fondamentale en dialogue avec cette même expérience fondamentale que nous pouvons vivre aujourd'hui, la bible n'est pas seulement la parole d'une histoire d'il y a deux mille ans ou plus, elle est aussi la parole de notre histoire.

Nous pouvons la lire, la découvrir, la comprendre à partir de notre propre expérience. Mais comment vivre cette démarche sans tomber dans le "subjectivisme, comme le reflet de nous-mêmes, comme la projection de nos souhaits, de nos envies? Comment entrer réellement en dialogue avec la parole de l'autre, des autres, en la respectant pour ce qu'elle est si l'autre n'est pas là pour réagir, pour corriger, pour nuancer?

Cela demande un vrai travail, une vraie rigueur.

Lorsque la lecture se fait à plusieurs, les autres et le groupe permettent de ne pas tomber dans ce piège dans la mesure où la différence de parole et donc de l'expérience est respectée. La vérité est dans le dialogue et le partage. Elle est alors vérité vivante. Quand la vérité se fige, devient objet, devient absolue, elle meurt, elle devient chemin de mort.

Lorsque la découverte du texte faite d'abord en dialogue à plusieurs est mise par écrit par une personne, comme dans ce livre, le risque est grand de devenir parole "objective", d'apparaître comme "la vérité" en opposition et en concurrence avec une autre vérité, d'autres vérités.

Ce livre ne veut pas dire la vérité, il se veut simplement "témoignage". Mais témoignage argumenté, travaillé, en dialogue, en recherche.

J'aime bien l'image d'un détective ou d'un inspecteur de police qui réouvrirait l'enquête parce que des données nouvelles permettent, voire obligent à une autre lecture, un peu comme le permettent aujourd'hui les tests ADN.

Le chapitre quatre du premier livre de la bible, la Genèse, raconte le meurtre de Ebel par son frère Caïn, les deux premiers enfants de l'humanité. L'interprétation que l'on en fait habituellement n'apparaît plus pertinente à beaucoup aujourd'hui. Ouvrons à nouveau le dossier, révisons le procès, recommençons l'enquête à nouveau frais. Comment?

En travaillant le texte au plus près, à partir de nos expériences d'aujourd'hui, des découvertes de la science, de la situation de la planète, du monde… Cherchons les mobiles, la place des différents protagonistes, ce qui se passe comme expérience humaine fondamentale derrière le récit de l'histoire qui nous est donné. Attardons-nous sur les indices. Confrontons-les, mettons-les en résonance. N'acceptons pas les réponses toutes faites comme des évidences mais passons les au crible du texte et de nos expériences.

La mise par écrit du fruit de notre recherche, de nos partages… dans la cohérence d'écriture d'une personne, sans la présence du lecteur peut rendre le travail ardu, rébarbatif, donner l'impression que l'on ne sera pas compris. Le travail de lecture de cette mise par écrit peut être lui aussi ardu, rébarbatif, donner l'impression que l'on ne comprend pas, que l'on est nul. Les phrases écrites très souvent sous forme de question peuvent désarçonner, surtout quand on a été formaté à lire les réponses, à accepter la vérité, à comprendre des évidences. Les phrases sans verbe peuvent apparaître incompréhensibles. Ce style, cette forme d'écriture, souvent proche du langage parlé, disent l'état d'une recherche, le sens d'un témoignage. Il veut aider à entrer en recherche, à susciter d'autres témoignages, à entrer en dialogue.

Les faits de la vie quotidienne vécue dans la relation pédagogique d'une maison d'accueil racontés brièvement ne sont pas des illustrations voire des "preuves" de la pertinence de l'interprétation avancée. Ils veulent inviter à mettre en relation la lecture d'une expérience écrite avec d'autres expériences vécues par le lecteur. Tout essaye d'inviter au dialogue, à la mise en lien, à la résonance.

Ce livre, "la nudité du serpent", essaye d'être le récit d'une rencontre de témoins. Il est le fruit d'une lecture de la bible à partir de la vie et d'une lecture de la vie à partir de la bible, effectuées à plusieurs.

La traduction de la bible réalisée par André Chouraqui est ici privilégiée parce qu'elle se veut la plus proche du texte original. Elle est donc plus fidèle à l'expérience racontée initialement et moins interprétée par des regards davantage philosophiques ou théologiques. Lors de la lecture de ce livre, il peut être intéressant mais pas indispensable d'avoir à côté de soi le texte de la bible dans une autre traduction. Ce serait une aide à la lecture du livre et de passages parfois assez compliqués et un point de repère utile car les références des versets ne sont pas inscrites dans le texte.

La traduction apparaît à première vue assez hermétique. Elle demande un vrai travail, une véritable prise de recul, un effort de décodage. Elle ne demande pas de trouver la définition de mots qui nous sont inconnus mais de permettre à ces mots de trouver sens peu à peu dans un compagnonnage. Elle peut aider à découvrir une clef de lecture non pas intellectuelle mais existentielle. La clef de lecture pour moi la plus intéressante est ma propre expérience. Cette clef peut se multiplier, s'affiner, s'enrichir par l'expérience de vie de plusieurs. Elle peut alors nous ouvrir à des découvertes existentielles extraordinaires, voire à de "bonnes nouvelles".

Mon expérience de vie privilégiée et illustrée ici est celle d'éducateur et de prêtre dans une maison d'accueil de jeunes en difficulté dans le cadre de l'aide à la jeunesse, depuis plus de quarante ans.

Mon expérience de lecture "symbolique", c'est à dire dans le dialogue des expériences fondamentales de vie, s'est faite depuis de nombreuses années dans différents groupes, certains à partir d'un travail en équipe éducative au jour le jour, d'autres à partir d'expériences dans différents lieux de vie.

Je remercie ici particulièrement Michèle, Marguerite, Raphaël et Bruno, les rescapés d'un groupe de lecture du livre de la Genèse dont les notes ont servi de point de départ des réflexions de ce livre.

"La nudité du serpent" est une interprétation des onze premiers chapitres de la Genèse. Les questions essentielles de l'expérience humaine fondamentale y sont abordées. L'interprétation de ces chapitres peut orienter la lecture de l'ensemble de la bible, y compris celle du nouveau testament. Elle peut aussi orienter la lecture de notre vie, au jour le jour.

Elle pourrait aussi, si nous le souhaitons, orienter nos projets de vie.

2. LA PERVERSION DES IDENTITES

Un enfant mal situé par ses parents

Genèse. Chapitre 4
Caïn et Èbèl
1. Adâm pénètre Hava, sa femme. Enceinte, elle enfante Caïn.
Elle dit: « J'ai eu un homme avec IHVH-Adonaï. »
2. Elle ajoute à enfanter son frère, Èbèl.
Et c'est Èbèl, un pâtre d'ovins. Caïn était un serviteur de la glèbe.
3. Et c'est au terme des jours,
Caïn fait venir des fruits de la glèbe en offrande à IHVH-Adonaï.
4. Èbèl a fait venir, lui aussi, des aînés de ses ovins et leur graisse.
IHVH-Adonaï considère Èbèl et son offrande.
5. Caïn et son offrande, il ne les considère pas.
Cela brûle beaucoup Caïn, ses faces tombent.
6. IHVH-Adonaï dit à Caïn: « Pourquoi cela te brûle-t-il,
pourquoi tes faces sont-elles tombées ?
7. N'est-ce pas, que tu t'améliores à porter
ou que tu ne t'améliores pas,
à l'ouverture, la faute est tapie; à toi, sa passion. Toi, gouverne-la. »
8. Caïn dit à Èbèl, son frère... Et c'est quand ils sont au champ,
Caïn se lève contre Èbèl, son frère, et le tue.

L'histoire de Caïn et Èbèl, les deux fils d'Adâm et Hava, est racontée en huit versets, depuis leur conception jusqu'à l'assassinat du cadet Èbèl par l'aîné Caïn. Le texte est écrit de façon très concise ; il n'est dit que le strict minimum ; le temps passe en quelques lignes, sauf peut-être dans les versets où IHVH-Adonaï prend la parole. Les paroles prononcées se veulent un dialogue mais restent un monologue et les questions exprimées ne trouvent pas de paroles comme réponses. Pourtant un drame extrêmement important se joue. Le texte présente des faits et le lecteur a beaucoup de difficultés à comprendre le pourquoi. Pourquoi une telle issue entre les premiers enfants de l'humanité? Quelles sont les responsabilités des uns et des autres?

> Face à un tel texte, surtout lorsqu'il s'agit de la bible, le plus souvent nous attendons la bonne réponse, celle des experts théologiens ou exégètes, celle du magistère, celle que l'on pouvait trouver dans le petit catéchisme. Ce petit livre était une suite de questions et de réponses que les enfants devaient apprendre par cœur, il y a cinquante ans, lors du cours de religion à l'école ou lors de la préparation à la communion solennelle. Cet apprentissage formatait profondément les esprits et créait le réflexe que la religion est la connaissance, le respect, l'obéissance à une vérité, à une doctrine, à des dogmes, à une morale. Dans cette optique, devenir croyant, vivre en croyant, rester croyant

équivaut à se satisfaire des réponses apprises et répétées au fil des années, de la liturgie, de la catéchèse. La religion se présente alors comme une doctrine, comme une vérité révélée qu'il est indispensable de recevoir et d'accepter pour pouvoir en vivre.

Lorsque la curiosité voire le doute commencent à s'installer, lorsque les réponses ne semblent pas cohérentes avec la science, avec la vie, avec ce que nous pensons par nous-mêmes, soit nous évacuons les questions et nous pouvons rester croyants, soit nous évacuons les réponses qui ne nous semblent plus plausibles, pertinentes, cohérentes avec ce que nous découvrons par ailleurs de la vie. Nous nous autorisons alors à évacuer les interprétations du texte, voire le texte lui-même.

Si nous voulons continuer à donner une importance à ces textes en nous mettant en recherche, le risque est de chercher des réponses à nos questions uniquement dans des idées préconçues, dans nos repères habituels. Nous avons du mal à donner suffisamment de place au texte lui-même, à interroger les événements à partir des événements, à découvrir le texte à partir de ce qui est écrit, à comprendre l'autre à partir de l'autre.

Lorsque l'on aborde la lecture de la bible à partir de la traduction de Chouraqui, la compréhension disparaît presque totalement. Il n'y a même plus de questions par rapport au texte parce que celui-ci est incompréhensible. Comme en témoigne la réaction d'un lecteur après une première lecture. *"Je ne savais pas que Chouraqui avait traduit la bible en chinois."* Soit nous fermons la bible parce que nous estimons que le chinois est aussi hermétique que l'hébreu car nous ne connaissons ni l'un ni l'autre, soit nous nous mettons en recherche. Le premier travail à faire semble de découvrir le sens des mots, puis celui des phrases, enfin celui du texte.

La tentation est grande ici de faire appel à un expert traducteur qui connaît les mots employés par Chouraqui et de lui demander de les traduire dans nos mots habituels. Nous sommes alors comme les enfants de Noah que nous apprendrons à connaître dans la suite du récit biblique et dans la lecture de ce livre. Ceux-ci découvrent qu'en se dispersant sur toute la terre après le déluge, leurs langues vont se diversifier et qu'ils risquent de ne plus se comprendre. Ils tentent alors de rester d'une seule langue pour comprendre et réaliser un unique projet, grandiose, celui de la tour de Babel.

Là n'est pas le chemin de la vie, là n'est pas le projet auquel invite IHVH-Adonaï. Il serait plutôt dans l'attitude et la situation des juifs multiples présents à Jérusalem le jour de la Pentecôte entendant chacun dans sa propre langue le discours de Pierre. Ils étaient tous disponibles à la voix d'un esprit nouveau, celui de Jésus ressuscité, qui soufflait ce jour-là à partir de l'endroit où étaient réunis les apôtres. Oserons-nous nous laisser animer par cet esprit?

Je pense que cet esprit souffle d'abord dans l'entre-deux de la rencontre, la rencontre du lecteur ou des lecteurs présents devant le texte et celle du ou des rédacteurs présents dans le texte. Le lieu de la rencontre est celui de l'expérience partagée des uns et des autres. Les mots ne sont qu'un des moyens pour exprimer cette expérience. Si les mots sont trop absolus, ils risquent de faire écran à l'expérience. Les mots choisis par Chouraqui peuvent aider à casser cet absolu et nous invitent à rejoindre l'expérience, à rejoindre la vie, en passant par un travail.

C'est à ce travail que s'attellent les lecteurs qui lisent la bible à plusieurs. Ce même travail vous est proposé dans la lecture de ce livre. Il pourrait même être effectué dans une lecture du livre à plusieurs. Cela peut le rendre plus efficace pour rejoindre l'expérience vécue. Comme tout travail, il a son côté pénible, fatigant. Il est en lui-même aussi une richesse à découvrir, à vivre, à reconnaître.

En faisant ce travail, nous nous libérons des réponses toutes faites déjà présentes dans les traductions plus directement compréhensibles. Nous nous libérons aussi de nos a priori trop flagrants, d'une idéologie trop puissante. Nous rejoignons peut-être cet esprit qui planait déjà sur les eaux lors de la création du monde comme il soufflait à Jérusalem un matin de Pentecôte.

Que veut nous dire ce texte en racontant un tel drame entre deux frères présentés comme les premiers enfants de l'humanité? Quel processus conduit à une telle issue? Quel rôle jouent les autres protagonistes de l'histoire : les parents et IHVH-Adonaï? Quelles sont les responsabilités des uns et des autres.

Si l'on mène l'enquête comme un inspecteur de police, les faits semblent clairs, le coupable et la victime aussi. Si l'on essaye de comprendre le pourquoi des événements et les motivations et responsabilités des uns et des autres, l'enquête se complique et les pourquoi s'enchaînent.

Pourquoi Caïn tue-il son frère? La réponse semble facile : parce que ses faces sont tombées, parce qu'il a perdu la face suite à la non considération de son offrande par IHVH-Adonaï alors que celui-ci agrée l'offrande de son frère. Mais la question rebondit : pourquoi cette différence d'attitude de IHVH-Adonaï par rapport à l'offrande de Caïn et celle de Èbèl? Et pourquoi les deux frères font-ils venir en offrande à IHVH-Adonaï du fruit de leur travail? Et qui est ce IHVH-Adonaï qui semble si important pour les deux frères et dont l'attitude provoque des réactions aussi fortes. Le texte peut-il donner des réponses à nos questions?

Avant d'aller voir dans les chapitres précédents, dans l'histoire des parents et celle de IHVH-Adonaï avant la conception, essayons de découvrir des pistes de réponses dans les quelques versets présentés. Parmi les informations données dans le texte, certaines le sont par le narrateur pour nous informer, nous lecteurs. D'autres sont données par les paroles des protagonistes. Elles sont destinées avant tout à l'interlocuteur à qui elles s'adressent et aussi à nous qui lisons.

La première parole est prononcée par Hava : "*J'ai eu un homme avec IHVH-Adonaï.*" A qui s'adresse cette parole ? A personne en particulier donc à tous les acteurs qui interviennent dans ce récit : Adâm, Hava, IHVH-Adonaï, Caïn et Èbèl, et... à nous.

Selon notre lecture nous pouvons l'entendre de façon très différente.

Je me souviens de cette réaction émerveillée d'une lectrice : *"C'est formidable, Hava savait déjà que tout vient de Dieu!"* Elle projetait dans les paroles de Hava sa propre foi en Dieu selon laquelle tout vient de Dieu. Une autre réaction était plutôt à l'inverse : *"Hava dit n'importe quoi. Pour respecter la vérité elle aurait plutôt dû dire: 'j'ai donné vie à un fils avec Adâm'."* Cette réaction fait davantage place à une conception scientifique, rationnelle, réaliste des événements.

Il est important de pouvoir dire ou se dire nos premières réactions, émotions, questions pour nous rendre compte que nous lisons d'abord à partir de nous-mêmes. Nous sommes les sujets de la lecture. Et lorsque nous lisons à plusieurs, nous constatons nos lectures différentes, fruit des différences entre nous. La lecture du texte doit nous permettre d'entrer en relation avec d'autres sujets, d'autres personnes, celles qui racontent l'expérience, les rédacteurs, celles dont l'expérience est racontée, c'est-à-dire les sujets présents dans le texte, mais aussi les sujets qui lisent et livrent leur propre expérience. Ce partage d'expérience ne peut pas faire disparaître les différents sujets, c'est pourquoi le lieu du travail est l'entre-deux des expériences, l'entre-deux des sujets. Pour cela, il est important de respecter la place de chacun pour que chacun puisse devenir, être et rester sujet. Sinon le sujet disparaît et la parole s'éteint comme lieu de vie.

Les sujets de la lecture peuvent faire respecter leur place, défendre leur point de vue, rectifier les interprétations que les autres feraient de leurs paroles car ils sont présents en chair et en os. Le rôle de l'animateur du groupe de lecture est de veiller à ce que chaque lecteur soit respecté par les autres lecteurs plus particulièrement en cas de débordement, de franchissement des limites.

Il est tout aussi important que chaque sujet présent dans le texte puisse être respecté dans ce qu'il dit. Mais celui-ci ne peut défendre sa place que par ce qui est écrit dans le texte. Le rôle de l'animateur est de faire respecter ce qui est dit dans le texte. Chacun des lecteurs peut être lui aussi garant du respect des sujets du texte. « *Qu'est-ce qui, dans le texte, permet de dire ceci ou cela ? A quel endroit dans le texte cela est-il écrit ? Est-ce que cette interprétation ne trahit pas ce qui est écrit ?* »

Si nous confrontons les paroles de Hava avec ce que nous dit le narrateur et ce que nous dit notre expérience, nous constatons quelques différences voire contradictions ou mensonges. Enfanter n'est pas avoir ou acquérir et l'on n'enfante pas un homme. On pourrait dire un garçon, un fils. Le mot homme permet de gommer tout le travail d'éducation et de cheminement de l'enfant vers l'âge adulte. La parole de Hava laisse aussi entendre que IHVH-Adonaï serait le partenaire de Hava en lieu et place de Adâm.

La parole de Hava, venant juste après le nom Caïn, définit en quelque sorte les relations entre Hava et Caïn ou plus précisément exprime l'identité de Caïn pour Hava. Quelle est cette identité que Caïn reçoit par les paroles de sa mère?

"*J'ai eu...*". Comme si mettre au monde un enfant était du même ordre que de recevoir un cadeau, une chose. C'est ignorer la part de travail et de relation de chacun, celui de la femme, celui de l'enfant et aussi celui du géniteur. Ici l'enfant est réduit à un objet, à une chose. Caïn est la possession de sa mère.

"*...un homme...*". Comme si l'enfant ou le fils était déjà un adulte accompli permettant de faire disparaître Adâm comme homme et comme partenaire de Hava.

"*...avec IHVH-Adonaï*". Comme si IHVH-Adonaï était le partenaire de Hava dans l'acquisition de l'enfant et donc le père de Caïn en lieu et place de Adâm.

Les paroles de Hava situent Caïn dans une identité relationnelle par rapport à elle-même, par rapport à IHVH Adonaï et par rapport à Adâm. Adâm est inexistant pour Caïn puisqu'il n'est pas mentionné. Dans les paroles de Hava, Adâm disparaît trois fois : comme sujet, comme homme de Hava, comme père de Caïn. Il est remplacé par IHVH Adonaï.

Dans le verset 2, le narrateur nous présente le second enfant de Hava, le frère de Caïn, Èbèl L'identité relationnelle de Èbèl est donnée seulement par le narrateur. Il est défini comme le frère de Caïn. On comprend aussi qu'il est enfanté par Hava. Sa relation à Adâm et IHVH-Adonaï n'est pas exprimée clairement.

Une seconde identité est donnée à chacun des frères, une identité que l'on pourrait appeler une identité fonctionnelle, celle donnée par le métier : Èbèl est pâtre d'ovins, de petit bétail, Caïn est serviteur de la glèbe, de la terre. Entre la première identité donnée à la naissance par la mère ou le narrateur, et celle du métier signalé par le narrateur, les années ont passé et chacun est devenu adulte.

"*Et c'est au terme des jours*". Le décor est planté, toutes les informations nécessaires ont été données, tout est mis en place pour le déroulement de la scène qui débute par une démarche de Caïn envers IHVH-Adonaï. "*Caïn fait venir des fruits de la terre en offrande à IHVH-Adonaï.*" Nous pourrions comprendre cette démarche comme précisant l'attitude de Caïn adulte dans les relations avec IHVH-Adonaï considéré par Caïn, selon les indications de Hava, comme son père.

Quelle est la réaction de IHVH-Adonaï à cette démarche? "*IHVH-Adonaï ne considère pas Caïn et son offrande.*" Si Caïn entre en relation avec IHVH-Adonaï comme si celui-ci est son père, IHVH-Adonaï ne peut lui répondre de la place que lui attribue Caïn sans entrer dans le mensonge ou dans l'erreur. Ou bien IHVH-Adonaï accepte de rentrer dans une relation pervertie, mensongère, erronée. Ou bien IHVH-Adonaï est fidèle à la réalité, à la vérité et ne peut répondre à l'offrande de Caïn qu'en la refusant comme père.

La relation entre Caïn et IHVH-Adonaï symbolisée par l'offrande faite par Caïn à partir du fruit de son travail est un problème d'identité. L'identité est ici dite de façon relationnelle, c'est-à-dire que cette identité définit la personne par un cadre de relation.

Cette façon de dire l'identité était fréquente chez les vieilles personnes qui expliquent qui est qui en disant : "*c'est le fils ou la fille d'un tel ou d'une telle, qui a épousé telle personne, qui a eu tel ou tel enfant.*"
Nous pouvons encore retrouver des traces de cette façon de dire l'identité dans le nom de famille dans certaines langues ou cultures qui intègre la notion "fils de". Par exemple le préfixe "ben" dans la culture juive ou arabe, ou encore le suffixe "sen" ou "son" dans les pays nordiques. Cette identité, donnée la plupart du temps par le père qui reconnaît officiellement son enfant, est inscrite actuellement dans un registre d'état civil puis porté dans le livret de mariage et enfin sur la carte d'identité.

Dans notre texte, cette identité est donnée à Caïn par la parole de sa mère. Il est un homme, possession de sa mère dont le partenaire IHVH-Adonaï est le père. Mais quel père?

« *Caïn fait venir des fruits de la terre en offrande à IHVH-Adonaï.* » C'est à partir de son travail de cultivateur que Caïn entre en relation avec IHVH-Adonaï. Son travail lui confère une autre identité, celle de son métier, celle construite à partir de son rapport avec la réalité matérielle. Sur la carte d'identité est indiqué aussi le métier ou la profession. C'est ce qui nous fait vivre à un niveau biologique, matériel, physique et cela est indispensable. Cette identité-là nous met en lien avec le principe de réalité. Lorsque Caïn offre les fruits de la terre à IHVH-Adonaï, il confronte l'identité reçue par la parole de sa mère avec la réalité. Et la réalité ne peut pas mentir. Souvent elle fait voler en éclat les images que l'on se fait de soi-même, des autres. Pas facile de retomber sur terre. C'est d'autant plus difficile que l'on a été placé très haut ou le plus haut.

Caïn n'est pas situé sur la plus haute marche du podium parmi les personnes. Il est situé hors catégorie dans la mesure où il est situé comme objet et non comme sujet : l'homme de sa mère. L'offrande non considérée par IHVH-Adonaï fait s'écrouler cette image et, ce faisant, elle met à néant son identité elle-même. Cela lui fait perdre la face et cela d'une façon d'autant plus forte et humiliante que l'offrande de Èbèl est considérée.

Ebel n'est pas situé dans le texte par une parole de sa mère, par aucune parole d'ailleurs. Il est simplement situé par le rédacteur comme le frère de Caïn et pâtre d'ovin. Pour lui, pas de parole affirmative qui impose de l'extérieur une identité forte. Son identité, il devra surtout la faire par rapport à son frère et à partir de là, indirectement par rapport à sa mère et à IHVH-Adonaï. Comme l'identité est peu imposée de l'extérieur, il pourra la construire peu à peu à partir de la réalité de ses rencontres, au fil des jours. Son nom « Ebel » veut dire "vapeur, fumée", c'est-à-dire pas grand chose. En ce sens, il n'a pas reçu une identité forte. C'est à lui de la construire. Comme Ebel n'est pas investi d'une identité imposée, totalisante, il n'investit pas les autres d'une identité en conséquence. Il n'y a aucune raison qu'il considère IHVH-Adonaï comme son père. Il peut donc avoir avec lui une relation qui ne contredit pas la réalité. L'offrande peut donc être considérée.

Le nom « Caïn » signifie "le tout". Caïn reçoit une identité forte, déjà construite, totalisante. Il ne lui reste pas ou peu de place pour la construire en lien avec la réalité. Lorsque son offrande est refusée, son identité s'écroule. Du tout qu'il pensait être, il devient rien. Et l'autre, Ebel qui n'était que son frère et s'appelait presque rien, tout d'un coup devient tout. Caïn n'existe plus parce que, dans sa tête, l'autre prend sa place et devient tout. L'acte de IHVH-Adonaï suscite une sensation d'anéantissement chez Caïn.

Les paroles qui suivent invitent Caïn à la réflexion : " *Pourquoi cela te brûle-t-il, pourquoi tes faces sont-elles tombées?*" Peut-on imaginer que Caïn soit invité à faire le même genre de réflexion que celle que nous venons de faire? Il est invité à prendre du recul, à peser le pour et le contre avant d'agir ou de réagir : " *N'est-ce pas, que tu t'améliores à porter ou que tu ne t'améliores pas, à l'ouverture, la faute est tapie; à toi, sa passion. Toi, gouverne-la.*" La situation est difficile à porter, à supporter et Caïn trouvera ou ne trouvera pas en lui les ressources nécessaires, mais qu'il n'oublie pas de réfléchir aux conséquences : à l'ouverture, la faute est tapie. Si Caïn se laisse manipuler, dominer par l'émotion, par la passion qui l'habite, par les idées d'anéantissement qui se bousculent dans sa tête, il tombe dans l'erreur, dans la faute. Ou bien il se ressaisit, il domine cette passion qui l'a envahi et il la gouverne. Ces paroles indiquent à Caïn que le choix est possible.

> Lorsque nous lisons la bible à plusieurs, surgissent en nous des émotions, des sentiments, des questions, des réactions spontanées suite à ce que nous lisons. Notre attitude est le plus souvent de garder cela pour nous, de taire ce que nous ressentons et même de faire taire en nous ce qui surgit en nous surtout quand cela semble contraire à la bonne morale, aux comportements conventionnels, à la vraie doctrine. Le silence conduit Caïn au meurtre. Où conduisent nos silences?

> La parole de IHVH-Adonaï invite à une parole en retour. Ne serait-ce que pour prendre distance par rapport à nos émotions, questions, réactions pour que celles-ci ne nous dominent pas mais que nous puissions les gouverner. Quelle meilleure façon de prendre du recul par rapport à nos émotions en les disant à nous-mêmes sinon en les partageant avec un autre qui peut comprendre, qui peut entendre. Voilà l'invitation de IHVH-Adonaï, voilà l'invitation qui est faite, lors de la lecture à plusieurs, lorsqu'il est demandé à chacun de dire ses premières réactions, ses émotions à chaud, ses questions, sans trop les réfléchir.

Les paroles de IHVH-Adonaï à Caïn demanderaient une réponse de Caïn ou au moins une parole, soit à IHVH-Adonaï, soit à lui-même. Mais c'est vers son frère que Caïn se tourne pour lui dire : "...", trois petits points, c'est-à-dire rien du tout. Le silence, l'absence de parole débouche sur le meurtre.

L'identité subjective de Caïn héritée de sa mère s'est écroulée devant la vérité de la réalité révélée par l'acte de IHVH-Adonaï. Cet anéantissement de Caïn confirmé par l'absence de parole conduit à la mort de Ebel.

Nous avons pu comprendre quel processus a joué dans la tête de Caïn pour conduire au meurtre de Ebel. Nous avons pu comprendre aussi la place des différents protagonistes dans ce processus : l'absence totale de Adâm, la responsabilité de Hava à travers sa parole, le rôle de IHVH-Adonaï comme principe de réalité, une sorte d'impuissance à réagir chez Caïn, le peu de place donné à Ebel.

Toute cette réflexion nous conduit à d'autres questions : Qu'est-ce qui peut expliquer l'absence de Adâm? D'où peut venir une telle parole chez Hava et comment comprendre l'importance qui lui est donnée? Quelles sont l'importance et la responsabilité des parents dans l'éducation et le devenir de leurs enfants?

> Parmi les jeunes qui sont hébergés chez nous dans le cadre de l'Aide à la Jeunesse, nombreux sont ceux dont le père est absent. Quand on parle de père, il s'agit rarement du géniteur mais le plus souvent de "l'homme" présent dans la maison. Quelques uns ont hérité du nom de famille de leur maman. D'autres ont des frères et des sœurs qui ne portent pas le même nom qu'eux, hérité du passage plus ou moins long d'un homme dans la vie de leur maman. Didier a même reçu le nom d'un homme qui n'est pas son père biologique et qui a quitté sa vie après quelques années seulement.
>
> Le plus souvent, la maman exerce seule l'autorité parentale, excepté de temps à autre lors d'une aventure plus ou moins longue où le plus souvent elle ne donne pas l'autorisation à son partenaire de jouer le rôle du père. Parfois, un papa est présent physiquement mais absent administrativement pour des raisons d'ordre financier. Il ne peut pas alors se faire reconnaître dans son rôle paternel, ni socialement, ni éducativement.
>
> Il est très difficile pour la maman d'exercer la fonction paternelle qui est de casser le lien trop étroit qui pourrait lier l'enfant à sa mère et de permettre ainsi de créer la distance nécessaire pour que chacun puisse exister comme personne. Elle devrait en même temps jouer les deux rôles, celui d'unir et celui de séparer. La mission paternelle est quasi impossible dans un cadre de société qui propose à travers la consommation et la publicité, une espèce de fusion avec les objets, réels ou virtuels, dans une espèce de toute jouissance?
>
> Que deviennent alors les enfants? Certains s'érigent dans une sorte de toute puissance qui leur donne l'illusion de rester dans la toute jouissance. Ils mettent les ressources de la maman et de la fratrie à leur service, au service de leurs envies. Le plus souvent, cette attitude est celle de l'aîné et fait penser à Caïn. D'autres, souvent les plus jeunes, se réfugient dans une passivité de consommation. Ils vivent à fond l'instant présent sans presque aucune attitude de recul, de prise de conscience. Ils sont comme de petits animaux qui, plutôt que vivre leurs envies, vivent selon leur instinct. Ils apparaissent insaisissables, inconsistants, hors d'atteinte et font penser à Ebel. D'autres enfin sont tiraillés, partagés, éclatés dans des attitudes contradictoires, antagonistes, incohérentes. Des périodes calmes et productives succèdent à des périodes perturbées où plus

rien ne va, où les relations se dégradent dans les différents lieux de vie. Parfois c'est dans un seul milieu de vie, le plus souvent à l'école, que les comportements dérapent. Le jeune arrive à rendre la vie impossible autour de lui et se fait exclure.

Un homme et une femme mal situés par la transgression de l'interdit

Chapitre 3
Un serpent nu
1. Le serpent était nu,
plus que tout vivant du champ qu'avait fait IHVH-Adonaï Elohîms.
Il dit à la femme: « Ainsi Elohîms l'a dit:
‹ Vous ne mangerez pas de tout arbre du jardin ›... »
2. La femme dit au serpent:
« Nous mangerons les fruits des arbres du jardin,
3. mais du fruit de l'arbre au milieu du jardin, Elohîms a dit:
‹ Vous n'en mangerez pas, vous n'y toucherez pas,
afin de ne pas mourir ›. »
4. Le serpent dit à la femme:
« Non, vous ne mourrez pas, vous ne mourrez pas,
5. car Elohîms sait que du jour où vous en mangerez
vos yeux se dessilleront et vous serez comme Elohîms,
connaissant le bien et le mal. »
6. La femme voit que l'arbre est bien à manger,
oui, appétissant pour les yeux,
convoitable, l'arbre, pour rendre perspicace.
Elle prend de son fruit et mange.
Elle en donne aussi à son homme avec elle et il mange.
7. Les yeux des deux se dessillent, ils savent qu'ils sont nus.
Ils cousent des feuilles de figuier et se font des ceintures.
8. Ils entendent la voix de IHVH-Adonaï Elohîms
qui va dans le jardin au souffle du jour.
Le glébeux et sa femme se cachent, face à IHVH-Adonaï Elohîms,
au milieu de l'arbre du jardin.
9. IHVH-Adonaï Elohîms crie au glébeux, il lui dit: « Où es-tu ? »
10. Il dit: « J'ai entendu ta voix dans le jardin et j'ai frémi;
oui, moi-même je suis nu et je me suis caché. »
11. Il dit: « Qui t'a rapporté que tu es nu ?
L'arbre dont je t'avais ordonné de ne pas manger, en as-tu mangé ? »
12. Le glébeux dit: « La femme qu'avec moi tu as donnée
m'a donné de l'arbre, elle, et j'ai mangé. »
13. IHVH-Adonaï Elohîms dit à la femme: « Qu'est-ce que tu as fait ? »
La femme dit: « Le serpent m'a abusée et j'ai mangé. »
14. IHVH-Adonaï Elohîms dit au serpent: « Puisque tu as fait cela,

tu es honni parmi toute bête, parmi tout vivant du champ.
Tu iras sur ton abdomen et tu mangeras de la poussière
tous les jours de ta vie.
15. Je placerai l'inimitié entre toi et entre la femme,
entre ta semence et entre sa semence.
Lui, il te visera la tête et toi tu lui viseras le talon. »
16. À la femme, il a dit: « Je multiplierai, je multiplierai
ta peine et ta grossesse, dans la peine tu enfanteras des fils.
À ton homme, ta passion: lui, il te gouvernera. »
17. Au glébeux, il dit:
« Oui, tu as entendu la voix de ta femme et mangé de l'arbre,
dont je t'avais ordonné pour dire: ‹ Tu n'en mangeras pas. ›
Honnie est la glèbe à cause de toi.
Dans la peine tu en mangeras tous les jours de ta vie.
18. Elle fera germer pour toi carthame et chardon: mange l'herbe du champ.
19. À la sueur de tes narines, tu mangeras du pain
jusqu'à ton retour à la glèbe dont tu as été pris.
Oui, tu es poussière, à la poussière tu retourneras. »
20. Le glébeux crie le nom de sa femme: Hava-Vivante.
Oui, elle est la mère de tout vivant.
21. IHVH-Adonaï Elohîms fait au glébeux et à sa femme
des aubes de peau et les en vêt.
22. IHVH-Adonaï Elohîms dit:
« Voici, le glébeux est comme l'un de nous pour connaître le bien et le mal.
Maintenant, qu'il ne lance pas sa main,
ne prenne aussi de l'arbre de vie, ne mange et vive en pérennité ! »
23. IHVH-Adonaï Elohîms le renvoie du jardin d''Édèn,
pour servir la glèbe dont il fut pris.
24. Il expulse le glébeux
et fait demeurer au levant du jardin d''Édèn les Keroubîm
et la flamme de l'épée tournoyante
pour garder la route de l'arbre de vie.

Chapitre 4
Caïn et Èbèl
1. Adâm pénètre Hava, sa femme. Enceinte, elle enfante Caïn.
Elle dit: « J'ai eu un homme avec IHVH-Adonaï. »

"*Adâm pénètre Hava, sa femme. Enceinte, elle enfante Caïn. Elle dit: « J'ai eu un homme avec IHVH-Adonaï.*" Comment Hava peut-elle dire une parole à ce point différente de la réalité que, lorsque cette parole est confrontée à la réalité, elle devient chemin de mort? L'histoire de Caïn et Èbèl nous en révèle le côté erroné, mensonger, pervers. Quel chemin conduit Hava à prononcer une telle parole?

Le nom Hava est employé ici au verset 1 du chapitre quatre pour la seconde fois dans le récit de la genèse. Il est employé pour la seule fois auparavant dans la

bouche du glébeux, homme de la glèbe, au verset 20 du chapitre 3 : "*Le glébeux crie le nom de sa femme : Hava-Vivante. Oui elle est la mère de tout vivant.*"
Comment le glébeux peut-il dire que sa femme est la vivante alors qu'elle est un protagoniste essentiel dans cette aventure qui les conduit, lui et sa femme, à la mort? Cela ressemble à de l'ironie. Peut-être l'appelle-t-il « vivante » pour mettre l'accent sur le moment présent, sur le chemin qui reste à parcourir avant de mourir, avant de retourner à la glèbe comme le lui a déclaré IHVH-Adonaï Elohîms au verset 19 : "*À la sueur de tes narines, tu mangeras du pain jusqu'à ton retour à la glèbe dont tu as été pris. Oui, tu es poussière, à la poussière tu retourneras.* "
Comment peut-il dire qu'elle est la mère de tout vivant alors qu'elle n'a pas encore donné la vie? Peut-être la voit-il comme la mère de tout vivant pour mettre l'accent sur l'avenir proche et oublier en quelque sorte le passé ? L'avenir est devant eux, au moins jusqu'au moment de retourner à la glèbe. Alors profitons de ce moment pour donner la vie. Ce faisant, il oublie les autres vivants et, entre autre, le serpent et les autres animaux tel qu'il est dit au verset 1 : "*Le serpent était nu, plus que tout vivant du champ qu'avait fait IHVH-Adonaï Elohîms* " En disant que Hava est la mère de tout vivant, le glébeux exclut de la catégorie "vivant" les vivants du champ. Ce faisant, il s'exclut lui-même car n'a-t-il pas été fait être vivant par IHVH-Adonaï Elohîms au verset 7 du chapitre 2 : "*IHVH-Adonaï Elohîms forme le glébeux Adâm, poussière de la glèbe Adama. Il insuffle en ses narines haleine de vie: et c'est le glébeux, un être vivant.*" Il ignore aussi toute la descendance du serpent dont les relations avec la descendance de la femme sont signalées au verset 15 : "*Je placerai l'inimitié entre toi et entre la femme, entre ta semence et entre sa semence. Lui, il te visera la tête et toi tu lui viseras le talon.*"
Cela fait beaucoup d'ignorance ou d'exclusion. Pourquoi? Pour se considérer lui-même comme le père de tout vivant si sa femme est la mère de tout vivant? Mais alors il ignore le rôle de IHVH-Adonaï Elohîms, lui qui a formé tout vivant et que l'on pourrait appeler le père de tout vivant. Pas étonnant que Hava, ainsi située par la parole du glébeux, se prenne pour la partenaire de IHVH-Adonaï et qu'elle déclare celui-ci père de Caïn. Mais en oubliant Elohîms car celui-ci a disparu entre le chapitre trois et le chapitre quatre.
Nous pourrions trouver une deuxième origine à la parole pervertie de Hava aux versets 22 et suivants du chapitre 3 : "*IHVH-Adonaï Elohîms dit : "Voici, le glébeux est comme l'un de nous pour connaître le bien et le mal. Maintenant, qu'il ne lance pas sa main, ne prenne aussi de l'arbre de vie, ne mange et vive en pérennité!" Adonaï Elohîms le renvoie du jardin d'Eden pour servir la glèbe dont il fut pris. Il expulse le glébeux et fait demeurer au levant du jardin d'Eden les Keroubim et la flamme de l'épée tournoyante pour garder la route de l'arbre de vie.*" Si le mot "glébeux" inclut ici Adâm et Hava, nous les voyons expulsés tous les deux du jardin d'Eden comme dans les représentations habituelles. Juste avant cependant, au verset 21, quand il s'agit de Adâm et Hava, l'expression est bien le glébeux et sa femme : "*IHVH-Adonaï Elohîms fait au glébeux et à sa femme des aubes de peau et les en vêt.*" Pourquoi expulser seulement le glébeux ? Quelle surprise quand lors d'une

lecture à plusieurs quelqu'un déclara qu'il n'était écrit nulle part que Hava était expulsée du jardin d'Eden. Chacun s'est empressé d'aller voir dans le texte.

Le rédacteur, par la façon dont il écrit, laisserait-il entendre que Hava n'a pas été expulsée du jardin d'Eden comme le glébeux l'a été ? Mais alors comment se fait-il que Adâm puisse pénétrer Hava au verset 1 du chapitre 4 ? L'interprétation habituelle est que les deux, Adâm et Hava ont été exclus, le glébeux étant le terme générique qui englobe les deux. Si dans le texte la distinction est faite clairement entre le glébeux et sa femme, peut-être devons-nous la faire plus clairement entre le glébeux et Adâm ? Nous y reviendrons dans un chapitre suivant.

L'identité de la personne, révélée surtout par le nom et le sens qui y est lié, dépend de celui qui crie le nom. L'identité est d'abord reçue et si celui qui la donne est lui-même mal situé, à son tour il va mal situer l'autre, c'est-à-dire le mettre en porte à faux par rapport à la réalité. Parce que Hava est située de manière erronée, elle va situer Caïn de manière erronée. Si la même logique est respectée entre Hava et le glébeux, c'est que le glébeux lui-même a été mal situé.

Un premier élément peut être découvert au verset 7 : "*Les yeux des deux se dessillent, ils savent qu'ils sont nus. Ils cousent des feuilles de figuier et se font des ceintures.*" Lorsque les yeux des deux, c'est-à-dire de l'homme et de la femme, s'ouvrent, le premier regard est pour eux-mêmes : ils savent qu'ils sont nus. C'est comme une découverte de qui ils sont, de leur identité. Et ce qu'ils voient, ils s'empressent de le cacher, comme s'ils en blêmissaient. Cette nudité, cette identité n'est pas bonne à voir à leurs yeux.

Et cela se passe juste après avoir mangé de l'arbre interdit au verset 6 : "*La femme voit que l'arbre est bien à manger, oui, appétissant pour les yeux, convoitable, l'arbre, pour rendre perspicace. Elle prend de son fruit et mange. Elle en donne aussi à son homme avec elle et il mange.*" La transgression de l'interdit ouvre sur une nouvelle vision, sur une nouvelle identité qui n'est pas bonne à voir et qui va même s'avérer dangereuse vis-à-vis de IHVH-Adonaï Elohîms au verset 8 : "*Ils entendent la voix de IHVH-Adonaï Elohîms qui va dans le jardin au souffle du jour. Le glébeux et sa femme se cachent, face à IHVH-Adonaï Elohîms, au milieu de l'arbre du jardin.*"

La suite de l'histoire va leur donner raison. IHVH-Adonaï Elohîms se présente en juge. D'abord juge d'instruction qui arrive à obtenir les aveux des coupables, du glébeux et de la femme, et dévoile la faute commise. Ensuite, juge qui détermine les conséquences de l'acte, les peines encourues. Enfin, juge qui fait appliquer la sentence.

Il y a plusieurs façons d'interpréter cette fonction de juge. Soit comme celui qui est partisan et se venge de l'homme et de la femme qui ont voulu lui dérober son privilège à la suite de ce qu'a induit le serpent. Soit comme le "tout puissant" qui punit ceux qui lui désobéissent. Soit encore comme celui qui révèle la vérité et fait prendre conscience de la nouvelle vision des choses, de la nouvelle réalité créée par le non respect de l'interdit.

Dans les interprétations habituelles, nous nous situons le plus souvent dans la logique induite par la parole du serpent. Nous interprétons les paroles de IHVH-Adonaï Elohîms comme celles d'un juge tout puissant qui punit ceux qui lui désobéissent en transgressant sa loi, voire encore comme celles d'un "Dieu" jaloux qui se venge.

Je voudrais me situer dans la troisième façon de voir, celle d'un juge qui fait découvrir la réalité et en révèle les conséquences. Le moins que l'on puisse dire c'est que les relations entre les différents protagonistes sont perturbées et deviennent sources de souffrance, d'injustice, de malheur et de mort. Pas seulement entre le glébeux et sa femme mais aussi par rapport aux autres êtres vivants, par rapport à la terre, aux plantes et en finale à l'arbre de vie. Comme si chacun, chaque chose, était mal situé par rapport à l'autre, aux autres. Comme si les identités de chacun, voire de chaque chose, étaient perturbées, faussées, perverties.

> Comment se fait-il que dans les familles des jeunes qui nous sont confiés, les mamans se retrouvent seules la plupart du temps? Lorsque l'on découvre leur histoire, celle-ci ressemble étrangement à l'histoire de leurs enfants.
>
> Leur famille d'origine ne leur a pas permis de se construire comme sujet autonome capable de construire un partenariat autour d'un projet. Elles oscillent entre la toute puissance, la toute jouissance et l'éclatement et se retrouvent constituées surtout comme objet. Leur partenaire d'un moment, père d'un ou de plusieurs de leurs enfants, a hérité d'une histoire fort semblable. Chacun se retrouve le plus souvent comme objet et vit sa relation à l'autre comme à un objet.
>
> L'environnement de la société accentue encore cet état d'objet. L'épanouissement individuel est devenu la valeur suprême qui fait que chacun agit d'abord selon ses envies, voire selon l'instinct du moment présent. La jouissance dans le présent permet de vivre sans réfléchir, sans penser à demain, sans tenir compte des conséquences. La société met aussi en avant les droits tout en occultant les devoirs : le droit de se faire plaisir, le droit d'avoir un enfant,… Et le devoir de s'en occuper, de l'éduquer, de le faire grandir?
>
> L'autre est rarement considéré comme un partenaire dans la construction d'un projet de vie. L'homme est celui qui permettra d'avoir un enfant. L'enfant sera celui qui permettra de retenir l'homme ou encore celui qui viendra remplacer l'homme devenu inutile. L'autre peut devenir un objet que l'on utilise selon ses envies et que l'on jette quand on n'en a plus besoin. Cela est souvent vrai tant pour l'homme que pour la femme.
>
> La mère se retrouve le plus souvent seule avec les enfants et se débrouille comme elle peut. Souvent elle est débordée et n'en peut plus.
>
> Que peut faire la société? Lorsque les droits individuels sont mis en avant, voire exacerbés, les droits de l'homme entrent parfois en contradiction avec les droits de l'enfant. Le droit de l'enfant d'être éduqué par un père et une mère, ou à tout le

moins que la fonction paternelle et la fonction maternelle soient exercées pour lui permettre de grandir, est rencontré difficilement.

Il y a peu de moyens pour aider un papa et une maman à se partager ensemble les rôles. Il n'y a pratiquement aucune contrainte possible pour renforcer le partenariat. La seule solution, lorsque la situation se dégrade complètement, est de retirer les enfants... et de confier l'éducation à une institution en espérant que le placement sera le plus court possible et que la situation des adultes s'améliorera... un peu comme par miracle.

Le serpent et la perversion de la parole

Au verset 6, la femme découvre que l'arbre de la connaissance du bien et du mal qui conduit à la mort quand on le mange selon la parole de IHVH-Adonaï Elohîms devient bon à manger : *"La femme voit que l'arbre est bien à manger, oui, appétissant pour les yeux, convoitable, l'arbre, pour rendre perspicace."* Le dialogue entre le serpent et la femme a amené un retournement de perspective.

Au verset 1 : *"Il dit à la femme : "Ainsi Elohîms l'a dit : 'Vous ne mangerez pas de tout arbre du jardin'..."* Nous pouvons remarquer une première chose. Alors que dans tout le récit des chapitres 2 et 3, il s'agit toujours de IHVH-Adonaï Elohîms, le serpent rapporte les paroles de celui-ci en disant qu'elles sont dites par Elohîms. Quand nous rencontrons les noms Elohîms, IHVH-Adonaï Elohîms ou encore de IHVH-Adonaï, s'agit-il de désigner une même personne, une même identité ou des personnes différentes, ou encore doit-on voir dans ces noms différents une facette, une partie, un élément, un aspect de l'identité et donc des relations entre les protagonistes?

> Prenons un exemple dans la vie courante. Si quelqu'un s'appelle Marcel Dupont et que, dans le récit raconté, cette personne est appelée monsieur Dupont ou Marcel Dupont ou Marcel ou encore une sorte de surnom comme chéri ou champion ou..., il s'agit bien chaque fois de la même personne mais, au niveau de son identité relationnelle, cela signifie quelque chose de bien précis et situe les différents protagonistes dans une identité relationnelle particulière ou dans des relations très différentes.

Si nous nous attachons à découvrir comment les personnes sont situées les unes par rapport aux autres et donc à découvrir leur identité relationnelle, le nom par lequel on désigne la personne n'est pas un détail insignifiant. Pourquoi le serpent parle-t-il d'Elohîms et non de IHVH-Adonaï Elohîms?

Qu'a dit IHVH-Adonaï Elohîms au verset 16 et 17 du chapitre 2? *"IHVH-Adonaï Elohîms ordonne au glébeux pour dire : "de tout arbre du jardin, tu mangeras, tu mangeras, mais de l'arbre de la connaissance du bien et du mal, tu ne mangeras pas, oui du jour où tu en mangeras, tu mourras, tu mourras."* Quelles différences pouvons-nous découvrir entre cette parole et la parole rapportée par le serpent? La parole s'adresse à un "vous" dans la bouche d'Elohîms alors qu'elle était un "tu" dans la bouche de IHVH-Adonaï Elohîms. Nous pouvons comprendre cette différence dans la mesure où la parole s'adresse au glébeux la première fois et ensuite au glébeux et à la femme la seconde fois.

Une autre différence est que dans la première parole la phrase commençait par une affirmation et se continuait par un interdit alors que dans la seconde elle commence par un interdit et s'arrête sans dire l'affirmation. En changeant la place des propositions dans la phrase et en supprimant la seconde, le serpent attire d'abord l'attention sur l'interdit et lui donne une place énorme alors que dans la première parole il y avait la mise en valeur du don des fruits des arbres du jardin.

La femme répond au serpent au verset 2 : "« *Nous mangerons les fruits des arbres du jardin, mais du fruit de l'arbre au milieu du jardin, Elohîms a dit: ‹ Vous n'en mangerez pas, vous n'y toucherez pas, afin de ne pas mourir ›.*"

La réplique de la femme continue en quelque sorte la phrase commencée par le serpent en remettant dans l'ordre le don et l'interdiction, en gardant, comme le serpent, le nom d'Elohîms et en confondant quelque peu la place des arbres. L'arbre au milieu du jardin est l'arbre de la vie et non celui de la connaissance du bien et du mal. Il y aurait comme un déplacement de l'un vers l'autre. La femme change aussi la fin de la phrase. Au lieu de répéter *"vous ne mangerez pas"*, elle remplace la répétition par *"vous n'y toucherez pas."* Vous n'y toucherez pas semble encore accentuer l'interdit comme si l'importance accordée à l'interdit commençait à s'installer dans la tête de la femme, à devenir une idée fixe. La conséquence, c'est que la phrase qui se terminait par la répétition *"tu mourras, tu mourras"* se termine maintenant par *"afin de ne pas mourir.*" La conséquence de la transgression est beaucoup moins mise en valeur dans la bouche de la femme.

Ces légers déplacements permettent au serpent de tenter un déplacement extraordinaire au verset 4 : "*Le serpent dit à la femme : "non, vous ne mourrez pas, vous ne mourrez pas, car Elohîms sait que du jour où vous en mangerez vos yeux se dessilleront et vous serez comme Elohîms connaissant le bien et le mal.*" Le déplacement est extraordinaire dans la mesure où la phrase devient son contraire. C'est un retournement à 180 degrés. IHVH-Adonaï Elohîms devient un menteur. Sous l'attitude de donner et de protéger, il se réserve l'essentiel et le plus important, ce qui fait son identité. L'arbre interdit devient l'arbre à acquérir. L'identité relationnelle des uns et des autres change elle aussi de 180°. Celui qui avait tout donné pour que le glébeux et sa femme puissent vivre et ne pas mourir est un menteur, un tricheur, un trompeur. De bienfaiteur il devient malfaiteur. Le glébeux et sa femme deviennent des marionnettes, des personnes inférieures, des pigeons…, s'ils ne réagissent pas.

Qui est donc ce serpent capable de retourner une phrase en son contraire et être cru? Qui est-il au point d'être capable de transformer l'identité relationnelle des protagonistes? Quelle est son identité?

Les mots de l'amour deviennent irrésistibles quand ce sont ceux que l'on désire entendre du plus profond de son cœur. Le conjoint est parti depuis longtemps déjà laissant un espace béant de solitude. L'enfant ne peut combler cet espace d'autant qu'il répond aux gestes "d'amour" de sa mère par des gestes de violence.

Lorsque l'enfant est arrivé chez nous, la béance s'est encore creusée. Parce qu'elle ne découvrait plus dans les yeux de son enfant le minimum de reconnaissance pour exister comme mère, elle n'arrivait plus à se reconnaître comme personne.

Et puis des mots de l'amour, arrivés comme par miracle par le net, ont réveillé en elle des sentiments de vie. Enfin elle existait vraiment pour quelqu'un. Elle est partie au-delà des mers, se sentant revivre. Elle s'est sentie accueillie, reconnue. Enfin exister dans un projet à deux, se marier, venir vivre en Belgique, retrouver son enfant, lui redonner un père. Tous les obstacles peuvent être surmontés, les problèmes solutionnés. Mais les papiers tardent. L'administration ne croit pas à l'amour et le mariage s'avère impossible.

Les mots disant les sentiments seront-ils plus forts que les obstacles administratifs? L'espoir d'être aimé sera-t-il plus fort que les doutes?

L'enfant avait surtout besoin d'un cadre cohérent pour grandir et se construire. Rêve-t-il encore d'un lieu de vie chez sa mère? Aujourd'hui, il a celui de notre maison. Celui-ci sera-t-il suffisant pour qu'il y découvre un vis-à-vis qui lui permette de devenir sujet, acteur?

Le serpent et l'usurpation de l'identité

Chapitre 2
Jardin en 'Édèn
1. Ils sont achevés, les ciels, la terre et toute leur milice.
2. Elohîms achève au jour septième son ouvrage qu'il avait fait.
Il chôme, le jour septième, de tout son ouvrage qu'il avait fait.
3. Elohîms bénit le jour septième, il le consacre:
oui, en lui il chôme de tout son ouvrage qu'Elohîms crée pour faire.
4. Voilà les enfantements des ciels et de la terre en leur création,
au jour de faire IHVH-Adonaï Elohîms terre et ciels.
5. Tout buisson du champ n'était pas encore en terre,
toute herbe du champ n'avait pas encore germé:
oui, IHVH-Adonaï Elohîms n'avait pas fait pleuvoir sur la terre,
et de glébeux, point, pour servir la glèbe.
6. Mais une vapeur monte de la terre,
elle abreuve toutes les faces de la glèbe.
7. IHVH-Adonaï Elohîms forme le glébeux Adâm, poussière de la glèbe Adama.
Il insuffle en ses narines haleine de vie:
et c'est le glébeux, un être vivant.

8. IHVH-Adonaï Elohîms plante un jardin en 'Édèn au levant.
Il met là le glébeux qu'il avait formé.
9. IHVH-Adonaï Elohîms fait germer de la glèbe tout arbre
convoitable pour la vue et bien à manger,
l'arbre de la vie, au milieu du jardin
et l'arbre de la connaissance du bien et du mal.
10. Un fleuve sort de l''Édèn pour abreuver le jardin.
De là, il se sépare: il est en quatre têtes.
11. Nom de l'un, Pishôn, qui contourne toute la terre de Havila,
là où est l'or.
12. L'or de cette terre est bien
et là se trouvent le bdellium et la pierre d'onyx.
13. Nom du deuxième fleuve: Guihôn,
qui contourne toute la terre de Koush.
14. Nom du troisième fleuve: Hidèqèl, qui va au levant d'Ashour.
Le quatrième fleuve est le Perat.
15. IHVH-Adonaï Elohîms prend le glébeux et le pose au jardin d''Édèn,
pour le servir et pour le garder.
16. IHVH-Adonaï Elohîms ordonne au glébeux pour dire:
« De tout arbre du jardin, tu mangeras, tu mangeras,
17. mais de l'arbre de la connaissance du bien et du mal,
tu ne mangeras pas,
oui, du jour où tu en mangeras, tu mourras, tu mourras. »
18. IHVH-Adonaï Elohîms dit: « Il n'est pas bien pour le glébeux d'être seul !
Je ferai pour lui une aide contre lui. »
19. IHVH-Adonaï Elohîms forme de la glèbe tout animal du champ,
tout volatile des ciels,
il les fait venir vers le glébeux pour voir ce qu'il leur criera.
Tout ce que le glébeux crie à l'être vivant, c'est son nom.
20. Le glébeux crie des noms pour toute bête,
pour tout volatile des ciels, pour tout animal du champ.
Mais au glébeux, il n'avait pas trouvé d'aide contre lui.
21. IHVH-Adonaï Elohîms fait tomber une torpeur sur le glébeux. Il sommeille.
Il prend une de ses côtes, et ferme la chair dessous.
22. IHVH-Adonaï Elohîms bâtit la côte, qu'il avait prise du glébeux, en femme.
Il la fait venir vers le glébeux.
23. Le glébeux dit:
« Celle-ci, cette fois, c'est l'os de mes os, la chair de ma chair,
à celle-ci il sera crié femme Isha :
oui, de l'homme Ish celle-ci est prise. »
24. Sur quoi l'homme abandonne son père et sa mère:

il colle à sa femme et ils sont une seule chair.
25. Les deux sont nus, le glébeux et sa femme: ils n'en blêmissent pas.
3. 1. Le serpent était nu,
plus que tout vivant du champ qu'avait fait IHVH-Adonaï Elohîms

Une seule phrase peut nous renseigner sur l'identité du serpent, la première partie du verset 1 du chapitre 3 : *"Le serpent était nu plus que tout vivant du champ qu'avait fait IHVH-Adonaï Elohîms."* Dans les traductions habituelles, nous trouvons le mot rusé en place du mot nu pour qualifier le serpent.

    La particularité de l'hébreu biblique est que seules les consonnes sont écrites. Les voyelles ne sont pas écrites et c'est le contexte du mot, le reste de la phrase et du texte, qui permet de choisir le mot possible en choisissant les voyelles possibles. Ce choix donne le sens et donc permet de dire le mot, permet de le faire devenir parole, de trouver son identité. L'identité du mot vient de sa relation avec les autres mots qui l'environnent. Ainsi donc le mot hébreux trouve son identité en fonction du contexte. Celle-ci est exprimée lorsque le mot est parlé. C'est la parole qui lui donne son identité.

    En français, nous avons tendance habituellement à donner un sens bien précis à chaque mot, à le définir de façon unique, voire universelle, pour que la phrase et donc la parole aient un sens unique. Nous essayons de privilégier le côté objectif. Cela se fait le plus souvent au détriment du côté relationnel de la parole, surtout lorsque le texte est écrit.

    La bible est un texte écrit. La plus grande partie a été écrite en hébreux. Nous n'avons pas d'enregistrement, de texte parlé, de parole. La parole ne peut surgir que dans l'entre-deux du texte et du lecteur qui donne sens au texte en fonction de l'environnement même du mot dans le texte, mais aussi en fonction de l'environnement du lecteur lui-même. Cependant, une tradition de lecture a été fixée au début du moyen âge grâce à un système d'indication des voyelles qui ne touche pas aux consonnes du texte. Ce texte ainsi vocalisé est appelé massorétique. C'est en quelque sorte une interprétation qui va guider la lecture des textes par la suite. Ce faisant, le texte s'enferme davantage dans une interprétation, dans une objectivation. Il oriente ainsi vers une doctrine, un dogme, une idéologie. Il devient moins relationnel, moins vivant, moins partage d'expérience. Le mot choisi dans cette tradition est le mot rusé.

Comment choisir entre rusé et nu, deux possibilités qui se présentent dans la langue hébraïque? Chouraqui, parce qu'il veut rester au plus près des mots en hébreux et dont la langue maternelle est l'hébreu, choisit le mot nu, certainement en fonction de l'environnement du mot. Peut-être parce que le même mot se présente au verset précédent, le verset 25 du chapitre 2 : *"Les deux sont nus, le glébeux et sa femme ; ils n'en blêmissent pas."* Le même mot revient un peu plus loin au verset 7 du chapitre 3 juste après que la femme et son homme aient mangé du fruit : *"Les yeux des deux se dessillent, ils savent qu'ils sont nus."* Le mot revient encore à deux reprises aux versets 10 et 11 lorsque le glébeux répond au cri de IHVH-Adonaï

Elohîms : *"Où es-tu?" Il dit : "J'ai entendu ta voix dans le jardin et j'ai frémi; oui, moi-même je suis nu et je me suis caché." Il dit : "Qui t'a rapporté que tu es nu? L'arbre dont je t'avais ordonné de ne pas manger, en as-tu mangé?"*

Dans ces différents autres emplois du mot, le contexte et le sens semblent donner pour évident de choisir le mot nu pour qualifier le glébeux et sa femme. Pourquoi, dans le cas du serpent, choisir le mot rusé? Le contexte devrait privilégier le choix du mot nu. Mais alors, le sens du texte lorsque l'on emploie le mot nu, en fonction des idées que nous nous faisons les uns et les autres, semble devenir moins clair, moins évident.

Pourquoi parler de la nudité du serpent alors que le déroulement de l'histoire, telle que nous la comprenons habituellement, montre davantage la ruse, la tromperie, l'habileté, la perversité du serpent? Les autres emplois du mot hébreu "nu" qualifient le glébeux et sa femme. Pouvons-nous qualifier de la même façon le serpent et les autres vivants du champ? Y aurait-il quelque chose de commun entre le serpent et le glébeux et sa femme? En quoi la nudité peut-elle nous renseigner sur l'identité du serpent? Tentons la recherche.

"Le serpent était nu, plus que tout vivant du champ qu'avait fait IHVH-Adonaï Elohîms." Il y aurait aussi une nudité des vivants du champ, ceux qui apparaissent au verset 19 : *"IHVH-Adonaï Elohîms forme de la glèbe tout animal du champ, tout volatile des ciels, il les fait venir vers le glébeux pour voir ce qu'il leur criera. Tout ce que le glébeux crie à l'être vivant, c'est son nom."* La façon dont Chouraqui écrit la phrase est particulière. Il n'écrit pas que le serpent était le plus nu des vivants du champ. Il écrit que le serpent était nu plus que tout vivant du champ. Dans le premier cas, on comprend que les vivants du champ sont nus et que parmi ces vivants du champ le plus nu est le serpent. Dans le second cas, on peut comprendre que le serpent ne fait plus partie de tout vivant du champ puisqu'il est nu plus que tout vivant du champ. Il ne ferait donc plus partie des vivants du champ. Pourtant le serpent est bel et bien un vivant du champ. En étant déclaré nu plus que tout vivant du champ, il change de catégorie, il quitte son statut de vivant du champ pour entrer dans une autre catégorie, dans la catégorie où se trouvent certainement le glébeux et sa femme. Sa nudité veut se faire l'égale de la nudité du glébeux et de sa femme telle qu'elle est dite au verset 2,25 : *"Les deux sont nus, le glébeux et sa femme ; ils n'en blêmissent pas."*

En se mettant à leur niveau, dans leur catégorie, il peut donc communiquer avec eux et cela se fait par la parole. Ce serpent est un serpent qui parle. Ce faisant, il quitte aussi la catégorie de tout vivant du champ dont il est en réalité. Il y a usurpation d'identité par l'usurpation de la nudité et l'usurpation de la parole. A moins que la nudité et les paroles du glébeux et de sa femme ne soient les mêmes que celles de tout vivant du champ?

Quelle est cette nudité du glébeux et de sa femme dont ils ne blêmissent pas? Pour cela, remontons dans le texte. Aux versets 7 et 8 du chapitre 2, IHVH-Adonaï Elohîms donne vie au glébeux : *"IHVH-Adonaï Elohîms forme le glébeux – Adâm, poussière de la glèbe – Adama. Il insuffle en ses narines haleine de vie : et c'est le*

glébeux, un être vivant. IHVH-Adonaï Elohîms plante un jardin en 'Édèn au levant. Il met là le glébeux qu'il avait formé "
A cet instant, l'identité du glébeux est celle de l'être vivant et si l'on ne fait pas trop de différence entre le jardin et le champ, il y a peu de différence entre le glébeux et tout vivant du champ.

Au verset 18 : *"IHVH-Adonaï Elohîms dit : "Il n'est pas bien pour le glébeux d'être seul ! Je ferai pour lui une aide contre lui."* Ce qui caractérise le glébeux, c'est la solitude et cela n'est pas un bien aux yeux de IHVH-Adonaï Elohîms. Comme si l'identité reçue était insuffisante et qu'il est bon pour le glébeux de recevoir ou d'acquérir une autre identité, une identité relationnelle par la présence d'une aide contre lui. Il ne faut certainement pas entendre le mot contre en terme d'opposition mais en terme de proximité : à côté de lui.

Pour trouver cette aide, IHVH-Adonaï Elohîms *"forme de la glèbe tout animal du champ, tout volatile des ciels."* Dans cette formation, bien que les détails ne soient pas donnés, il est plausible de penser qu'il les forme comme il a formé le glébeux, à partir de la glèbe et en soufflant en leurs narines haleine de vie. Lorsqu'il les présente devant le glébeux pour voir s'il a trouvé l'aide recherchée *"Tout ce que le glébeux crie à l'être vivant, c'est son nom... Mais au glébeux, il n'avait pas trouvé d'aide contre lui."* L'identité du glébeux et celle de tout animal du champ, de tout volatile des ciels semble être la même : un être vivant. Et pourtant la présence d'une multitude d'êtres vivants ne suffit pas pour faire sortir le glébeux de sa solitude.

Pour cela, IHVH-Adonaï Elohîms doit employer une autre méthode aux versets 21 et 22 : *"IHVH-Adonaï Elohîms fait monter une torpeur sur le glébeux. Il sommeille. Il prend une de ses côtes et ferme la chair dessous. IHVH-Adonaï Elohîms bâtit la côte, qu'il avait prise au glébeux, en femme. Il la fait venir au glébeux."* Comparons la formation du glébeux, de l'être vivant, et celle de la femme. La ressemblance est que des deux côtés IHVH-Adonaï Elohîms prend de la matière et la met en forme. La différence est que la matière n'est pas la même. Dans le premier cas, il s'agit de la glèbe. Dans le second cas, il s'agit déjà d'une matière vivante prise du côté du glébeux. Il n'y a donc pas nécessité d'insuffler en ses narines haleine de vie. Et il n'y a pas de femme possible si le glébeux n'existe pas.

Comparons aussi la réaction du glébeux quand IHVH-Adonaï Elohîms fait venir la femme vers celui-ci à la réaction qu'il a eue devant les vivants du champ. Au verset 23, *"Le glébeux dit : "Celle-ci, cette fois, c'est l'os de mes os, la chair de ma chair, à celle-ci il sera crié femme –Isha - : oui, de l'homme – Ish – celle-ci est prise."* Il n'est pas écrit comme au chapitre trois verset 20 : *"Tout ce que le glébeux crie à la femme c'est son nom : Hava – Vivante."* Il dit une parole assez complexe que l'on pourrait qualifier de "reconnaissance" où elle et lui sont situés l'un par rapport à l'autre. Cette reconnaissance implique une identité relationnelle où chacun se trouve transformé par rapport à la situation précédente. La femme devient Isha avec une majuscule, le glébeux devient l'homme – Ish – lui aussi avec une majuscule parce que l'une a été tirée de l'autre. L'un et l'autre deviennent quelqu'un parce qu'ils peuvent se reconnaître l'un devant l'autre en relation. Relation qui est à la fois de l'ordre du même, du semblable : *l'os de mes os, la chair de ma chair*" ou encore les mêmes lettres dans les noms Isha et Ish. Relation qui est aussi de l'ordre de la différence, la femme d'un côté, l'homme de l'autre, la lettre "a" entre Ish et Isha.

Pour marquer cette différence, il y a eu besoin d'une double mise à distance. La première opérée par IHVH-Adonaï Elohîms lorsqu'il prend une des côtes du glébeux pour la bâtir en femme. La seconde est exprimée lorsque le glébeux prend conscience qu'il devient Ish par la présence de Isha. Cette seconde mise à distance est effectuée par le glébeux, l'homme, et exprimée au verset suivant : "*Sur quoi l'homme abandonne son père et sa mère : il colle à sa femme et ils sont une seule chair.*" Faut-il entendre ici le mot « homme » comme le mot « glébeux » ou plutôt comme « Ish » ?

L'expression père et mère à cet endroit du texte apparaît tout à fait anachronique. Si l'homme et la femme sont les premiers de leur espèce, ils n'ont donc ni père ni mère. L'homme, le glébeux, Adâm, ne pourrait donc quitter son père et sa mère puisqu'il n'en a pas. Le plus souvent, on tourne la difficulté en disant que la phrase a été rajoutée à une autre époque de la rédaction par un autre auteur, que ceci ne fait plus directement partie du récit mais est une formulation générale, une sorte de conclusion morale comme dans les fables de La Fontaine.

Si nous l'acceptons comme faisant partie intégrante du récit tel qu'il se présente à nous aujourd'hui, comment comprendre cette phrase? D'où vient l'homme en général? De son père et de sa mère, de ses ancêtres et si on remonte l'histoire ainsi que nous le montre la théorie de l'évolution, de la terre en passant par de multiples étapes. Ce qui est derrière le mot père et mère pourrait être tout ce dont l'homme vient. Dans le récit ici, il s'agit de la glèbe et de la façon dont il a été formé par IHVH-Adonaï Elohîms. Comme IHVH-Adonaï Elohîms a dû abandonner sa façon de former les êtres vivants pour trouver une aide au glébeux, l'homme doit effectuer un changement, un chemin, une prise de distance par rapport à ce qu'il était. Ceci est exprimé par "*l'homme abandonne son père et sa mère.*" Entendons ici l'homme dans un sens générique, l'humain.

La suite de la phrase est étrange cependant : "*il colle à sa femme et ils sont une seule chair.*"

Pourquoi accomplir ce chemin depuis le père et la mère vers sa femme si l'objectif est de redevenir comme avant, une seule chair comme le glébeux avant l'apparition de la femme? Tout ce chemin est-il fait pour simplement revenir au point de départ? A moins que le mot coller ne veuille pas dire l'unité fusionnelle lorsque le glébeux était seul mais une relation complexe dans l'unité et la différence, un peu à l'image du mot "contre" qui peut à la fois signifier la proximité et la distance, voire l'opposition.

Cela est indiqué au verset 25 : "*Les deux sont nus, le glébeux et sa femme : ils n'en blêmissent pas.*" Pourquoi ne pas écrire Ish et Isha, l'homme et la femme, mais revenir au mot glébeux pour désigner l'homme? N'y a-t-il pas ici comme un retour en arrière? Peut-être l'emploi du mot glébeux à cet endroit du texte veut-il indiquer une réalité, une identité complexe. Il y aurait en chacun du glébeux et du Ish ou Isha.

Le glébeux et sa femme sont en même temps "êtres vivants" comme le sont les autres êtres vivants, animaux du champ, volatiles des ciels, à l'image du mot glébeux, et en même temps chacun advient à une autre réalité par la reconnaissance de l'un par rapport à l'autre en prenant distance par rapport à cette première réalité et c'est l'emploi du mot femme, Isha et du mot homme, Ish.

Si la nudité exprime la réalité d'une identité, nous pourrions dire qu'il y a deux nudités chez le glébeux et sa femme, deux identités. La première est celle de tout être vivant, l'identité matérielle symbolisée par la glèbe et biologique symbolisée par l'haleine de vie, et une seconde identité, l'identité relationnelle exprimée par la mise à distance et la reconnaissance de l'un par rapport à l'autre.

En revêtant la nudité de l'homme et de la femme, en prenant la parole, le serpent est l'image, le symbole de la confusion des identités, de la non reconnaissance de la différence des identités et même de la perversion des identités dans la mesure où c'est l'identité de l'être vivant, c'est-à-dire l'identité matérielle et biologique, qui s'exprime comme si elle était toute l'identité, en prenant aussi la place de l'identité relationnelle. Le serpent est l'identité matérielle et biologique, première identité du glébeux, qui usurpe la place de toute l'identité de l'homme et de la femme. L'identité relationnelle disparaît.

> Les mots de l'amour disent la relation dans laquelle la femme se sent reconnue, aimée. Elle peut à nouveau devenir épousée puis mère. Pour cela, elle délaisse son mari et ses enfants et part dans un pays lointain.
>
> Mais le mariage contracté là-bas n'est pas reconnu ici et l'homme ne peut pas venir s'établir. Les mots de l'amour n'étaient qu'usurpation. La femme aimée n'était qu'un moyen pour gagner le droit d'entrée. Lorsque l'objet devient inutile, il peut être jeté, et le bébé attendu n'est qu'un objet de plus qui ne sert à rien.
>
> Comment faire le tri entre les mots et la réalité? Comment peut-elle se reconnaître comme personne quand elle découvre que l'autre ne s'est servi d'elle que comme objet? Et comment reconnaître comme personne le fruit d'une relation pervertie?
>
> Le mari et les enfants restés à la maison peuvent-ils encore accueillir, eux qui ont vécu l'abandon? Quelle place peuvent-ils encore offrir? Celle d'un objet de plus à nourrir où celle d'une personne à faire grandir, avec qui partager?
>
> Comment le bébé peut-il devenir pour la mère une personne à faire advenir et non le témoin d'une illusion perdue ou la revanche d'un amour trahi? Comment peut-il devenir pour le père resté au foyer un fils à reconnaître? Comment peut-il être pour les autres enfants un frère à qui donner une place.

3. LES IDENTITES DIFFERENCIEES

L'arbre de vie et l'arbre de la connaissance : symboles de deux identités

Dans notre travail jusqu'ici, nous avons dégagé différents types d'identité. Celle de tout vivant, c'est-à-dire l'identité matérielle et biologique ; ensuite celle de Ish et de Isha, c'est-à-dire l'identité relationnelle ; enfin celle du glébeux et de sa femme, une relation complexe de l'identité matérielle et biologique et de l'identité relationnelle. L'identité peut être symbolisée par la nudité.

Les deux identités, l'identité matérielle et biologique et l'identité relationnelle, sont aussi symbolisées par deux arbres. Ceux-ci apparaissent au verset 9 : "*IHVH-Adonaï Elohîms fait germer de la glèbe tout arbre convoitable pour la vue et bien à manger, l'arbre de la vie, au milieu du jardin et l'arbre de la connaissance du bien et du mal.*" Le premier arbre distinctif germe au milieu du jardin à la suite de tous les autres arbres convoitables pour la vue et bien à manger, dans le jardin où IHVH-Adonaï Elohîms vient de mettre le glébeux et est nommé l'arbre de la vie. Le second germe dans la foulée, l'arbre de la connaissance du bien et du mal.

Le sens des arbres par rapport au glébeux vient après le passage qui parle des quatre fleuves aux versets 16 et 17 : "*IHVH-Adonaï Elohîms ordonne au glébeux pour dire: « De tout arbre du jardin, tu mangeras, tu mangeras, mais de l'arbre de la connaissance du bien et du mal, tu ne mangeras pas, oui, du jour où tu en mangeras, tu mourras, tu mourras. »*"

Tous les arbres sont bien à manger. Un arbre provoque la mort si on en mange.

Juste après avoir donné le sens de ce dernier arbre par rapport au glébeux, celui de la connaissance du bien et du mal, IHVH-Adonaï Elohîms constate que quelque chose n'est pas bien dans ce qui a été fait : "*Il n'est pas bien pour le glébeux d'être seul !*" Pour accéder à l'identité relationnelle, celle qui naît de la non solitude, il y a un interdit à respecter : ne pas manger de l'arbre de la connaissance du bien et du mal. L'identité relationnelle n'est pas donnée de la volonté d'un seul mais advient de l'entre deux de la relation qui fait disparaître la solitude.

La première identité vient de la nourriture. L'identité se reçoit et se construit en mangeant. C'est l'identité matérielle, biologique. Elle est symbolisée par l'arbre de vie au milieu du jardin.

La seconde identité advient lorsque l'on respecte l'interdit de ne pas manger. Cet interdit peut devenir un inter-dit, une parole dite entre les personnes, une parole de reconnaissance. Celle-ci est possible dans la mesure où un espace est créé, une mise à distance, une case vide, un "no mans land", où personne ne peut prendre position, occuper le terrain sous peine de mourir, sous peine de ne jamais accéder à cette vie relationnelle et donc à cette identité relationnelle. La condition de cette identité est d'accepter un interdit, un manque, de se priver de posséder tout, de pouvoir faire tout. L'arbre de la connaissance du bien et du mal est le symbole de cette seconde identité, de l'identité relationnelle. Le glébeux s'interdit de posséder la connaissance du bien et du mal pour lui, pour l'autre. Cet interdit respecté permet de faire surgir une parole de reconnaissance du bien et du mal pour l'un et l'autre. L'identité relationnelle est de l'ordre de la reconnaissance

S'il y a deux nudités, deux identités, comme il y a deux arbres symboliques, peut-on concevoir qu'il y aurait deux vies, deux sortes de vie et donc aussi deux sortes de mort : la vie matérielle et biologique et la vie relationnelle, la mort matérielle et biologique et la mort relationnelle.

Dans une première lecture ou dans une lecture traditionnelle on peut avoir l'impression qu'il n'y a qu'une seule vie et donc une seule mort. On comprend alors que c'est la transgression de l'interdit qui entraîne la mort de l'homme. Avant cette transgression, l'homme aurait été créé immortel. Il devient mortel suite à la désobéissance. Certes le texte nous dit que la transgression de l'interdit entraîne la mort de l'homme, pas de façon immédiate mais comme une conséquence à long terme. Nous dit-il aussi qu'il aurait été créé immortel?

Pouvons-nous trouver une réponse à cette question dans le chapitre premier?

Elohims : l'identité matérielle, biologique

Chapitre 1
Sept jours
1.   ENTÊTE Elohîms créait les ciels et la terre,
2.   la terre était tohu-et-bohu,
une ténèbre sur les faces de l'abîme,
mais le souffle d'Elohîms planait sur les faces des eaux.
3.   Elohîms dit: « Une lumière sera. »
Et c'est une lumière.
4.   Elohîms voit la lumière: quel bien !
Elohîms sépare la lumière de la ténèbre.
5.   Elohîms crie à la lumière: « Jour. »
À la ténèbre il avait crié: « Nuit. »
Et c'est un soir et c'est un matin: jour un.
6.   Elohîms dit: « Un plafond sera au milieu des eaux:
il est pour séparer entre les eaux et entre les eaux. »
Elohîms fait le plafond.
7.   Il sépare les eaux sous le plafond des eaux sur le plafond.
Et c'est ainsi.
8.   Elohîms crie au plafond: « Ciels. »
Et c'est un soir et c'est un matin: jour deuxième.
9.   Elohîms dit: « Les eaux s'aligneront sous les ciels
vers un lieu unique, le sec sera vu. »
Et c'est ainsi.
10.   Elohîms crie au sec: « Terre. »
À l'alignement des eaux, il avait crié: « Mers. »

Elohîms voit: quel bien !
11.   Elohîms dit: « La terre gazonnera du gazon,
herbe semant semence,
arbre-fruit faisant fruit pour son espèce,
dont la semence est en lui sur la terre. »
Et c'est ainsi.
12.   La terre fait sortir le gazon,
herbe semant semence, pour son espèce
et arbre faisant fruit, dont la semence est en lui, pour son espèce.
Elohîms voit: quel bien !
13.   Et c'est un soir et c'est un matin: jour troisième.
14.   Elohîms dit: « Des lustres seront au plafond des ciels,
pour séparer le jour de la nuit.
Ils sont pour les signes, les rendez-vous, les jours et les ans.
15.   Ce sont des lustres au plafond des ciels pour illuminer sur la terre. »
Et c'est ainsi.
16.   Elohîms fait les deux grands lustres,
le grand lustre pour le gouvernement du jour,
le petit lustre pour le gouvernement de la nuit et les étoiles.
17.   Elohîms les donne au plafond des ciels pour illuminer sur la terre,
18.   pour gouverner le jour et la nuit,
et pour séparer la lumière de la ténèbre.
Elohîms voit: quel bien !
19.   Et c'est un soir et c'est un matin: jour quatrième.
20.   Elohîms dit: « Les eaux foisonneront d'une foison d'êtres vivants,
le volatile volera sur la terre, sur les faces du plafond des ciels. »
21.   Elohîms crée les grands crocodiles, tous les êtres vivants, rampants,
dont ont foisonné les eaux pour leurs espèces,
et tout volatile ailé pour son espèce.
Elohîms voit: quel bien !
22.   Elohîms les bénit pour dire:
« Fructifiez, multipliez, emplissez les eaux dans les mers,
le volatile se multipliera sur terre. »
23.   Et c'est un soir et c'est un matin: jour cinquième.
24.   Elohîms dit: « La terre fera sortir l'être vivant pour son espèce,
bête, reptile, le vivant de la terre pour son espèce. »
Et c'est ainsi.
25.   Elohîms fait le vivant de la terre pour son espèce,
la bête pour son espèce et tout reptile de la glèbe pour son espèce.
Elohîms voit: quel bien !
26.   Elohîms dit: « Nous ferons Adâm le Glébeux
à notre réplique, selon notre ressemblance.
Ils assujettiront le poisson de la mer, le volatile des ciels,
la bête, toute la terre, tout reptile qui rampe sur la terre. »

27. Elohîms crée le glébeux à sa réplique,
à la réplique d'Elohîms, il le crée,
mâle et femelle, il les crée.
28. Elohîms les bénit. Elohîms leur dit:
« Fructifiez, multipliez, emplissez la terre, conquérez-la.
Assujettissez le poisson de la mer, le volatile des ciels,
tout vivant qui rampe sur la terre. »
29. Elohîms dit: « Voici, je vous ai donné
toute l'herbe semant semence, sur les faces de toute la terre,
et tout l'arbre avec en lui fruit d'arbre, semant semence:
pour vous il sera à manger.
30. Pour tout vivant de la terre, pour tout volatile des ciels,
pour tout reptile sur la terre, avec en lui être vivant,
toute verdure d'herbe sera à manger. »
Et c'est ainsi.
31. Elohîms voit tout ce qu'il avait fait, et voici: un bien intense.
Et c'est un soir et c'est un matin: jour sixième.

Chapitre 2
Jardin en 'Édèn
1. Ils sont achevés, les ciels, la terre et toute leur milice.
2. Elohîms achève au jour septième son ouvrage qu'il avait fait.
Il chôme, le jour septième, de tout son ouvrage qu'il avait fait.
3. Elohîms bénit le jour septième, il le consacre:
oui, en lui il chôme de tout son ouvrage qu'Elohîms crée pour faire.

A l'origine, lorsque les textes furent écrits, il n'y avait ni titre, ni chapitre, ni verset. Les anciens manuscrits présentaient un texte continu. Pour le texte hébreu, la tradition juive, au moins depuis le deuxième siècle de notre ère, divisait le texte en larges ensembles pour la proclamation publique; le souffle de la lecture découpait des phrases rythmées qui n'étaient pas numérotées. Pour faciliter la lecture et l'étude, on divise le texte en chapitres au début du treizième siècle et en versets au seizième siècle. Les titres sont mis par le traducteur et peuvent varier d'une traduction à l'autre. Les titres dans la traduction présentée dans ce livre ont été mis par Chouraqui.

La répartition en chapitre ne correspond pas toujours à la logique et à la cohérence découverte à la lecture du récit. Ainsi, le « premier récit » de la création ne coïncide pas avec le chapitre un mais comporte aussi les trois premiers versets du chapitre deux. Le « second récit » de la création commence au verset 4 du chapitre deux et se poursuit d'une certaine façon dans le chapitre trois. Pour la présentation du texte biblique, j'ai choisi de l'inscrire dans ce livre selon un ordre cohérent lié à l'interprétation développée ici et propice à en favoriser la lecture.

Tout le chapitre un est animé par une seul acteur : Elohîms. Une impression de puissance s'en dégage constituée par un ordre, une méthode, une progressivité et surtout une efficacité assez extraordinaire. Dans notre vision et compréhension habituelle de Dieu, il n'est pas étonnant que lorsque l'on parle de "Dieu créateur", on lui associe presque automatiquement l'adjectif "tout-puissant". Cette impression est encore accentuée si l'on a en tête la "vérité" théologique traditionnelle qui affirme que Dieu crée à partir de rien.

Lorsqu'on regarde le texte de plus près au verset deux, on constate pourtant que Elohîms ne part pas de rien mais que "*la terre était tohu-et-bohu, une ténèbre sur les faces de l'abîme, mais le souffle d'Elohîms planait sur les eaux.*" Il y a une espèce de chaos, de confusion, de choses indistinctes qu'Elohîms va faire apparaître clairement en séparant les choses, en les distinguant, en les nommant, en mettant de l'ordre. Il va faire ce travail de façon méthodique, ordonnée et progressive tout en évaluant à chaque étape. Son travail de création suivra le rythme des jours : un travail en six jours.

La première chose que crée Elohîms, c'est la lumière. Sa méthode de création est la parole. Celle-ci semble suffire comme l'indique le texte : "*Elohîms dit : "Une lumière sera." Et c'est une lumière.*" La parole est ici pleinement efficace et performante au point que Elohîms peut en faire l'évaluation : "*Elohîms voit la lumière : quel bien!*" Elohîms voit, il évalue. Les choses sont claires. Il va pouvoir poursuivre son travail de façon performante ... au point qu'il en oublie peut-être la méthode initiale : il se met au travail autrement que par la parole : "*Elohîms sépare la lumière de la ténèbre.*" Dans la méthode de création il y a donc une action, un travail de séparation. Ensuite, la parole ne sert plus à créer, à faire que les choses existent, mais à les distinguer en les nommant : "*Elohîms crie à la lumière "jour". A la ténèbre il avait crié : "Nuit".*" Vient alors le refrain qui va clore chacun des six jours : "*Et c'est un soir et c'est un matin : jour un.*"

Cette méthode va être répétée le deuxième jour pour la création des ciels et la séparation des eaux d'en bas de celles d'en haut et le troisième jour pour la création des mers et de la terre : une parole ou une action efficace et performante de séparation, une parole pour nommer les choses, une évaluation absente le deuxième jour mais présente deux fois le troisième jour.

Le troisième jour, il y a la création du gazon, de l'herbe, de l'arbre fruit. La méthode est sensiblement différente. Elohîms crée par la parole non en séparant des choses déjà existantes mais en confiant une mission aux choses déjà créées ou nouvellement créées. La parole d'Elohîms suffit pour que les choses existent mais ce sont les choses créées qui ont mission de faire un travail, de devenir elles-mêmes créatrices : "*La terre fait sortir le gazon, herbe semant semence pour son espèce, arbre faisant fruit, dont la semence est en lui, pour son espèce.*" Ce qui fait la distinction, ce n'est plus une parole criée par Elohîms mais une identité mise en chaque chose selon son espèce. Il y a ici reproduction dans la distinction de chaque espèce.

Avec la création du gazon, de l'herbe et de l'arbre apparaît la vie, l'identité biologique. Cette méthode de création sera celle suivie les jours suivants par une méthode semblable pour peupler et habiter les espaces distingués les trois premiers jours. Après le peuplement de la terre, des lustres sont créés au plafond des ciels, des volatiles pour les faces du plafond des ciels, les êtres vivants, rampants pour foisonner les eaux, la bête et le reptile sortiront de la terre, Adâm le glébeux à qui il donne la mission de *"fructifiez, multipliez, emplissez la terre, conquérez-la. Assujettissez le poisson de la mer, le volatile des ciels, tout vivant qui rampe sur la terre."*

Si l'on excepte les lustres du troisième jour, à partir de la création du gazon, il s'agit de la création de la vie biologique qui va occuper les espaces distingués les trois premiers jours. A chacun, il est donné un jour. Elohîms fait comme un second tour de création qui enrichit le premier tour, le complète, le meuble. Il adjoint à l'identité matérielle l'identité biologique. On pourrait presque considérer les deux lustres qui meublent le ciel comme des êtres vivants quand on voit la mission que leur confie Elohîms, une mission semblable à celle des êtres vivants : *"pour illuminer la terre, pour gouverner le jour et la nuit, pour séparer la lumière des ténèbres, pour être les signes, les rendez-vous, les jours et les ans."*

La question se pose de voir s'il faut mettre le glébeux à part des autres êtres vivants. Plusieurs différences d'avec les autres vivants pourraient le signifier. *"Nous ferons Adâm le Glébeux à notre réplique, selon notre ressemblance. Ils assujettiront le poisson de la mer, le volatile des ciels, la bête, toute la terre, tout reptile qui rampe sur la terre."* Pour aucun des autres êtres vivants, Elohîms n'avait parlé de réplique ou de ressemblance. Il introduit donc pour le glébeux un élément nouveau qui semble très important. Il donne aussi pour mission d'assujettir les autres êtres vivants déjà créés. Il donne ainsi un statut particulier au glébeux par rapport aux autres êtres vivants.

Étrangement lorsque Elohîms réalise son projet, il y a comme un petit oubli : il créé deux fois à la réplique au lieu de créer à la réplique et à la ressemblance. On peut y voir seulement un changement de mots qui seraient en fait des synonymes. On peut y voir comme une petite fêlure dans une action efficace et performante qui semble donner au glébeux un statut proche de la toute puissance par rapport aux autres êtres créés.

Dans la réalisation de son projet vis-à-vis du glébeux, Elohîms les crée *"mâle et femelle"*. Serait-ce là une création à sa réplique et à sa ressemblance? Tous les autres êtres vivants n'auraient-ils pas aussi été créés mâle et femelle… même si ce n'est pas indiqué dans le texte ?

Quant à la nourriture qui est donnée aux êtres vivants, elle semble étrangement la même pour le glébeux que pour les autres êtres vivants : *"toute verdure d'herbe sera à manger"*. Le verset 30 adressé au glébeux est très proche du verset 31 adressé à tout vivant. Il y a peut-être un oubli, dans ce dernier verset, des arbres portant fruit, mais ce qui est dit précédemment dans le texte semble mettre ensemble les herbes et les arbres.

Il me semble que les différences entre le glébeux et les autres êtres vivants ne permettent pas de le mettre à part de la catégorie des êtres vivants mais simplement au sommet de cette catégorie. Rien ne permet de le mettre dans une autre catégorie en fonction de ce que dit le texte. Dans ce premier récit, Elohîms crée au niveau de l'identité matérielle et au niveau de l'identité biologique. Rien ne permet de dire qu'il y a création du glébeux au niveau de l'identité relationnelle.

"*Elohîms voit tout ce qu'il avait fait, et voici : un bien intense. Et c'est un soir et c'est un matin: jour sixième.*" La façon dont se termine le sixième jour par une évaluation encore supérieure : "*un bien intense*" laisserait croire que la création est terminée, que Elohîms a achevé son œuvre grandiose. C'est effectivement ce que dit le premier verset du chapitre deux : "*Ils sont achevés, les ciels, la terre et toute leur milice.*" Et pourtant il y a encore le septième jour où Elohîms se comporte de façon étrange.

"*Elohîms achève au jour septième son ouvrage qu'il avait fait. Il chôme, le jour septième, de tout son ouvrage qu'il avait fait.*" Si les ciels, la terre et toute leur milice sont achevés le sixième jour, pourquoi le rédacteur nous dit-il que Elohîms achève le septième jour son ouvrage qu'il avait fait. Le travail n'était-il pas vraiment achevé. Restait-il encore à conclure, à mettre la touche finale, à écrire le mot fin ou peut-être comme dans une série célèbre à la télévision écrire les cinq dernières minutes qui allait révéler le sens, la clef de tout le travail? Il ne s'agit plus alors de dire, de faire, d'évaluer mais de révéler le sens. Est-ce que le mot chômer pourrait induire ce sens?

Les traductions habituelles traduisent par le mot "se reposer". Cela induit un changement complet d'activité qui pourrait être lié au fait que Elohîms est fatigué par le travail extraordinaire accompli. Il a besoin de récupérer. Le mot chômer indique qu'il n'y a plus de travail à accomplir. Il ne s'agit pas de se reposer mais de s'occuper autrement. Pour un ouvrier ou un employé il s'agit de gagner sa vie autrement, de trouver un autre travail ou encore s'il y a des allocations de chômage de consacrer son temps à autre chose que de gagner sa vie. Le septième jour, Elohîms ne se repose pas, mais il passe à autre chose, quelque chose qui a pourtant à voir avec le travail accompli : "*Il chôme, le jour septième, de tout son ouvrage qu'il avait fait.*"

La suite des versets peut-elle nous renseigner sur le sens du mot chômer employé ici? "*Elohîms bénit le jour septième, il le consacre: oui, en lui il chôme de tout son ouvrage qu'Elohîms crée pour faire.*" Que fait Elohîms le septième jour : il bénit le septième jour et il le consacre. Comment comprendre le mot bénir? Dans le mot bénir, il y a le mot bien employé tout au long des six jours. Elohîms constate que le travail effectué est un bien et même un bien intense le sixième jour. Lorsque Elohîms bénit le septième jour, il veut que le septième jour produise le bien, que ce jour soit créateur comme lui l'a été les six premiers jours ou encore que les acteurs du septième jour produisent à la fois le bien et le reçoivent.

Dans le mot consacrer, "con-sacrer", il y a à la fois le mot « con » et le mot « sacrer ». On peut comprendre le mot sacrer comme une mise à part dans une catégorie supérieure. Il y a un saut de qualité. Le mot « con » signifie avec. Cette mise à part dans une catégorie supérieure ne se fait pas seul mais avec, avec quelqu'un d'autre, avec d'autres. Consacrer le septième jour pourrait signifier que le contenu de ce jour, le rôle de ce jour, la mission de ceux qui y agissent est une mission supérieure, avec un saut de qualité et dans une collaboration.

Lorsque, dans un travail à plusieurs de lecture du texte biblique, nous faisons un tour de table pour exprimer "à chaud", juste après la lecture à haute voix du texte, nos premières réactions, questions, étonnements, satisfactions, émotions…, nous sommes un peu comme Elohîms qui, à la fin de presque chaque jour, voit et s'exprime : "*quel bien!*" C'est une première prise de recul par rapport à soi-même, permise par l'expression de la parole. Les premières réactions essayent de dire ce qui surgit en nous, sans que nous le décidions, le choisissions, le voulions. Cela agit en nous, retentit en nous. Nous essayons d'exprimer ce qui se passe dans l'ordre de la "toute jouissance", dans ce qui colle au réel.

Lorsque, dans un second temps, nous réagissons les uns vis-à-vis des autres, nous entrons dans une autre dimension, dans une autre prise de recul. Nous entrons peut-être dans la dynamique du septième jour. Nous acceptons que nos premières réactions soient mises en interaction avec le texte, avec les réactions des autres; qu'elles puissent être source de débat, de contestation, d'approfondissement, de remise en question. Nous entrons dans la recherche de sens, dans la construction de sens. Nous donnons vie à notre identité relationnelle. Nous quittons le monde de la toute jouissance en donnant place à un autre, à des autres, à une altérité. Nous advenons à nous-mêmes par le regard réciproque des visages. Nous créons sous le mode du chômage.

"*Il chôme de tout son ouvrage qu'Elohîms crée pour faire.*" On pourrait entendre cette phrase comme si Elohîms avait créé les six premiers jours pour pouvoir, le septième jour "faire" sous le mode du chômage, c'est-à-dire agir comme l'indique les mots bénir et consacrer. Ces versets nous indiquent comment Elohîms va fonctionner, fonctionne le septième jour.

Le verset quatre du chapitre deux "*Voilà les enfantements des ciels et de la terre en leur création, au jour de faire IHVH-Adonaï Elohîms terre et ciels*" peut apparaître comme un verset charnière. Il signifie en quelque sorte le début d'un nouveau récit de la création mais dans la suite directe du premier, voire même s'incluant dans le premier, c'est-à-dire dans le septième jour. La création se fait sous la forme du chômage d'Elohîms, c'est-à-dire effectuée le septième jour, une création qui sera bénie et consacrée, une création étant et produisant une vie et donc une identité impliquant un saut de qualité.

Lorsque Elohîms crée le monde "matériel" les trois premiers jours de la création, il effectue la création à un premier niveau. Il fait ensuite un second tour, il crée à un second niveau les jours quatre, cinq et six. Il crée la vie biologique.

Dans le second récit de la création, il fait un troisième tour, il crée à un troisième niveau, il crée la vie relationnelle. Mais pour cela, il a besoin de limiter son travail, il a besoin de chômer, il décide de laisser une place à l'autre, il entre dans un travail de co-création. Elohîms va chômer pour qu'advienne IHVH-Adonaï.

Les enfants sont trop nombreux et la maison des parents trop petite pour qu'ils puissent être accueillis tous ensemble. Alors ils se partagent le week-end en se serrant les uns contre les autres auprès de papa et maman. Est-ce parce que le plaisir d'être ensemble dans une sorte de fusion est tellement fort et tellement englobant pour les parents qu'il débouche sur l'attente d'un nouveau bébé?

Mais le plaisir semble être le plaisir de l'instant présent. Le ventre de la maman devient le centre de la famille, le cadre unique, la matrice de vie. La recherche d'une nouvelle maison, la mise en ordre des papiers, la construction d'un avenir différent …disparaissent, s'oublient, ne font plus parler d'eux. Les autres enfants semblent aussi disparaître, s'effacer, s'évanouir, s'embuer. Tout est concentré sur ce ventre. Même l'enfant à naître semble s'y noyer.

Au lieu de s'atteler à la reconstruction d'un cadre de vie où chacun peut avoir une place, les parents semblent se concentrer autour d'une cellule de survie qui se construit comme par miracle sous leurs yeux contemplatifs. La matrice de vie nouvelle devient enfermement, empêchement.

Quelle place est donnée au septième jour, à la prise de recul, à la confrontation avec la réalité, avec la vie. Toute la vie se concentre de manière illusoire dans un cocon. Elle perd l'ouverture nécessaire, la mise à distance indispensable.

Est-ce pour cela que chez les enfants un regard se fait mélancolique, que l'ardeur au travail scolaire s'étiole, que les chamailleries s'accentuent?

L'histoire ou notre histoire?

Dans les traductions habituelles, le premier mot de la bible est traduit par "*Au commencement*". Chouraqui traduit par "*ENTETE*". Ces traductions induisent des compréhensions assez différentes.

L'expression au commencement nous situe automatiquement sur une ligne du temps à l'origine du monde il y a des milliers, voire des milliards d'années. L'aspect chronologique devient important. Le temps se déroule dans un sens unique qui se poursuit depuis le commencement, depuis les origines, jusqu'à nous. On peut alors situer les événements sur une ligne du temps.

Derrière cette ligne du temps peut apparaître une autre ligne qui se déroule dans le même sens, parallèle à cette première ligne : la ligne des causalités dans laquelle les événements passés ont des conséquences sur les événements qui arrivent après. Il y a alors une causalité linéaire à sens unique.

Derrière ces deux lignes, on peut en voir une troisième, la ligne du progrès qui se déroule de la même façon depuis l'origine jusqu'à maintenant en se prolongeant vers le futur. Dans une représentation graphique habituelle, elle se déroule de la gauche vers la droite pour atteindre à la fin une espèce de perfection. Comme Elohîms a progressé dans son travail de création, cette création se perfectionne au fur et à mesure que se déroule le temps.

Lorsque Chouraqui traduit le premier mot par "*EN TETE*", on peut entendre ce qui vient en premier et rejoindre alors la notion du temps, de causalité et de progrès induite par le mot commencement, mais on peut aussi entendre ce que l'on a en tête. Ce serait en quelque sorte ce qui se trouve dans la tête, de façon plus ou moins consciente ou inconsciente, lorsque l'on se penche sur l'histoire du monde ou de l'humanité, ou lorsque ces récits ont été élaborés ou mis par écrit, ou encore lorsque nous les lisons, ou quand nous réfléchissons à notre propre histoire voire simplement ce que l'on a en tête quand nous vivons aujourd'hui, au jour le jour.

Un second mot me semble aussi très important au début du second récit de la création, au verset quatre du chapitre deux. Le mot que Chouraqui traduit par enfantement est traduit habituellement par origine. Le mot origine rejoint assez bien ce que nous entendons derrière le mot commencement. Le mot enfantement introduit une nouvelle dimension. Nous pensons à la naissance, à un bébé, à un enfant, à une mise au monde, à la mère, éventuellement au père. Nous entrons davantage dans une dimension relationnelle et nous faisons peut-être plus rapidement le lien avec notre propre histoire.

> Le second récit parlerait peut-être d'abord de notre naissance, de notre mise au monde, de notre enfantement, de notre histoire, de l'histoire de chacun et peut-être aussi du fait que nous pouvons mettre au monde, faire naître, enfanter, donner la vie.
>
> On pourrait entendre le premier récit de la création comme le récit de quelqu'un qui essayerait de dire ce qui se passe, ou ce qui s'est passé, avant son enfantement, c'est-à-dire depuis sa conception dans le ventre de sa mère… et dont les traces seraient quelque part dans sa tête, inscrites de façon "inconsciente" comme dans le formatage d'un disque dur. Nous pouvons imaginer le petit d'homme, dans le ventre de sa mère, dans une espèce de tohu et bohu, dans une espèce de ténèbre… entendant la voix de ses parents, de la société préparant sa venue. Lors de sa naissance, lors de son enfantement, lors de sa venue à la lumière, il pourrait constater l'extraordinaire efficacité de cette voix à la vue de tout ce qui s'offre à lui. Tout un monde lui est donné comme en cadeau, en héritage, qu'il ne peut que recevoir tel qu'il est, qui est l'œuvre de tous ceux qui l'ont précédé, qui lui donnent la vie, qui lui donnent son cadre de vie.
>
> Elohîms serait le nom de tous ceux à l'origine de sa vie, de tous ceux qui ont amené à son enfantement. Elohîms revêtirait une sorte de toute-puissance dans la mesure où l'enfant ne pourrait avoir aucune influence sur ce qui s'est passé avant. Il représenterait, que ce soit à un niveau individuel ou collectif,

tout ce qui précède et permet la venue de l'être humain, tout ce qui est donné à celui-ci, préalablement, sans qu'il ait la possibilité de choisir. Un peu comme dans la chanson de Maxime Le Forestier : *"on ne choisit pas ses parents, on ne choisit pas sa famille, on ne choisit pas les trottoirs de Manille, de Paris ou d'Alger pour apprendre à marcher."*

IHVH-Adonaï Elohîms : l'identité de l'homme et de la femme, l'identité relationnelle

Nous avons déjà lu le second récit de la création du chapitre deux lorsque nous avons parlé du serpent et de l'usurpation de l'identité. Il serait peut-être intéressant de le relire maintenant à partir du verset quatre.

Le second récit de la création présente une première différence par rapport au premier récit : le nom d'Elohîms s'enrichit du tétragramme imprononçable IHVH suivi dans le texte du mot Adonaï qui dans le langage parlé peut être prononcé et donc s'entendre. Comme si Elohîms se voyait ajouter une autre dimension, une autre identité, un peu mystérieuse puisque imprononçable.

Le comportement de IHVH-Adonaï Elohîms est assez différent du comportement d'Elohîms. IHVH-Adonaï-Elohîms n'agit pas par la parole mais par des actes qui ressemblent étrangement à ceux d'un artisan. *"IHVH-Adonaï Elohims forme le glébeux – Adâm, poussière de la glèbe – Adama. Il insuffle en ses narines haleine de vie : et c'est le glébeux, un être vivant. IHVH-Adonaï Elohîms plante un jardin en Éden au levant. Il met là le glébeux qu'il avait formé. IHVH-Adonaï Elohîms fait germer de la terre tout arbre..."*

La méthode n'est pas la même et l'ordre est différent. Il n'est pas dit que le glébeux est créé mâle et femelle. Le glébeux est créé avant les autres êtres vivants. Il n'apparaît pas ici comme le sommet de la chaîne, le dernier créé des êtres vivants, mais comme le seul, avant même les plantes et arbres du jardin. Pas de traces des poissons de la mer, du volatile des cieux, de tout vivant qui rampe sur la terre. Il apparaît comme le personnage important, celui dont on va raconter l'histoire. Toutes les choses créées après seront comme relatives au glébeux, à son service, pour le définir, le comprendre, le révéler, le faire advenir à ce qu'il est vraiment.

"IHVH-Adonaï Elohîms plante un jardin en Éden au levant. Il met là le glébeux qu'il avait formé. IHVH-Adonaï Elohîms fait germer de la glèbe tout arbre convoitable pour la vue et bien à manger, l'arbre de la vie au milieu du jardin et l'arbre de la connaissance du bien et du mal." Un jardin est planté, des arbres germent. Parmi les arbres, deux sont distingués : l'arbre de vie au milieu du jardin et l'arbre de la connaissance du bien et du mal. Les noms donnés à ces deux arbres nous font entrer dans une dimension symbolique, c'est-à-dire au-delà du matériel, au-delà du biologique.

"Un fleuve sort de l'éden pour abreuver le jardin. De là, il se sépare : il est en quatre têtes. Nom de l'un, Pishôn, qui contourne toute la terre de Havila, là où est

l'or. L'or de cette terre est bien et là se trouve le bdellium et la pierre d'onyx. Nom du deuxième fleuve : Guihôn, qui contourne toute la terre de Koush. Nom du troisième fleuve : Hidéqèl, qui va au levant d'Ashour. Le quatrième fleuve est le Perat." Les versets 10 à 14 avec les quatre fleuves semblent incongrus, difficilement compréhensibles à cet endroit du récit. Ils semblent très matériels, avec des noms bien précis, liés à des territoires et à des richesses concrètes comme l'or, le bdellium et la pierre d'onyx. Comme pour les arbres, le contexte doit aussi nous faire voir dans ces fleuves et dans les richesses décrites une dimension symbolique. Le fleuve qui abreuve le jardin puis se sépare entre quatre têtes, fait penser à ce qui fertilise, abreuve toute la terre à travers les quatre points cardinaux, en y rencontrant peut-être ce qu'il y a de plus précieux. Ces versets veulent peut-être indiquer que ce qui va suivre est, comme les fleuves en quatre têtes, à l'image de l'eau, source de vie et peut-être aussi chemin pour découvrir ce qui est le plus précieux représenté par l'or et les pierres précieuses. Qu'est-ce qui est le plus précieux? Ce qui va suivre?

"*IHVH-Adonaï Elohîms prend le glébeux et le pose au jardin d'Eden pour le servir et pour le garder.*" Comment comprendre ces mots "servir et garder"? Peut-être pouvons-nous le découvrir dans la suite de l'histoire?

La première parole prononcée par IHVH-Adonaï Elohîms tranche avec les paroles prononcées par Elohîms au chapitre 1.

Au verset 16, "*IHVH-Adonaï Elohîms ordonne au glébeux pour dire : de tout arbre du jardin tu mangeras, tu mangeras, mais de l'arbre de la connaissance du bien et du mal, tu ne mangeras pas, oui, du jour où tu en mangeras, tu mourras, tu mourras.*" Autant la parole d'Elohîms était positive, performante, don presque sans limite pour la vie du glébeux, autant la parole de IHVH-Adonaï Elohîms apparaît comme négative, signalant un danger, une limite mis au don, un interdit qui débouche sur la mort du glébeux s'il est transgressé. L'interdit est de manger de l'arbre de la connaissance du bien et du mal. C'est la première fois que l'on parle de la mort. Pourquoi ne pas en avoir parler plus tôt? Parce que la mort n'existait pas ou parce que l'on n'avait pas encore pris conscience de son existence?

La seconde parole est encore plus différente. Alors qu'Elohîms avait dit par sept fois dans le premier récit de la création "*quel bien*", IHVH-Adonaï Elohîms dit une parole inverse : "*Il n'est pas bien pour le glébeux d'être seul. Je ferai pour lui une aide contre lui.*" Il est étrange que, juste après avoir prononcé l'interdit de manger de l'arbre de la connaissance du bien et du mal, IHVH-Adonaï Elohîms constate que quelque chose n'est pas bien. Il est aussi étrange que IHVH-Adonaï Elohîms trouve que le glébeux est seul alors qu'il y a aussi la présence de IHVH-Adonaï Elohîms. Faudrait-il un tiers, un troisième pour sortir de la solitude?

Pour faire une aide contre lui, pour sortir le glébeux de sa solitude, IHVH-Adonaï Elohîms reprend son métier d'artisan. Comme il avait formé le glébeux, "*IHVH-Adonaï Elohîms forme de la glèbe tout animal du champ, tout volatile des ciels, il les fait venir vers le glébeux pour voir ce qu'il leur criera. Tout ce que le glébeux crie à l'être vivant, c'est son nom... Mais au glébeux, il n'avait pas trouvé d'aide contre lui.*"

Non seulement la parole de IHVH-Adonaï Elohîms a perdu de son efficacité par rapport à celle d'Elohîms, mais voilà que l'acte lui-même, la méthode, le travail n'est plus efficace. Comme si IHVH-Adonaï Elohîms avait perdu la faculté de création, celle de réaliser ce qui est bien pour que le glébeux sorte de sa solitude. Comme si Elohîms était devenu chômeur, limité, par la présence de IHVH-Adonaï.

Pour trouver une aide contre la glébeux, IHVH-Adonaï Elohîms a besoin de la collaboration du glébeux. D'abord de son expertise pour vérifier le travail réalisé, ensuite du glébeux endormi pour prendre une de ses côtes et la bâtir en femme.

La première parole prononcée par le glébeux est de l'ordre de la reconnaissance: *"« Celle-ci, cette fois, c'est l'os de mes os, la chair de ma chair, à celle-ci il sera crié femme Isha : oui, de l'homme Ish celle-ci est prise. »"* Grâce au travail de collaboration entre IHVH-Adonaï Elohîms et le glébeux, celui-ci reconnaît que la présence de la femme "Isha" le fait advenir comme homme "Ish". L'expression de cette reconnaissance est le verbe crier "*à celle-ci il sera crié femme*". Dans cette parole de reconnaissance, il y a à la fois naissance de la femme et naissance de l'homme. Il y a à la fois du semblable "*os de mes os, chair de ma chair*" et de la différence "*Ish et Isha*".

Dans le premier récit, le glébeux a été créé mâle et femelle. Dans le second, il doit advenir comme homme et femme. Ceci se réalise comme une nouvelle naissance qui demande la collaboration des uns et des autres, de IHVH-Adonaï Elohîms et du glébeux mais aussi de l'homme et de la femme. Ils ne peuvent advenir l'un sans l'autre. Il y a comme une sorte de réciprocité.

On pourrait parler de re-con-naissance : "re" pour indiquer la réciprocité, "con" qui signifie "avec" pour la collaboration, naissance pour l'advenue nouvelle de l'un et de l'autre.

Revenons au verset 15 : "*IHVH-Adonaï Elohîms prend le glébeux et le pose au jardin d'éden, pour le servir et pour le garder*". Viens ensuite les paroles de IHVH-Adonaï Elohîms concernant les arbres à manger et celui à ne pas manger.

Le mot garder pourrait signifier accepter le cadeau reçu, tout ce qui est donné pour que l'homme puisse vivre au niveau matériel et biologique. A ce mot est associé la parole : "*de tout arbre du jardin tu mangeras, tu mangeras*". Tout ce qui est reçu en cadeau serait ce qui est exprimé dans le premier récit par la phrase : " *Elohîms crée le glébeux à sa réplique, à la réplique d'Elohîms, il le crée, mâle et femelle, il les crée*".

Le mot servir pourrait signifier le travail à accomplir pour accéder à l'identité relationnelle lié au respect de l'interdit : "*mais de l'arbre de la connaissance du bien et du mal, tu ne mangeras pas, oui, du jour où tu en mangeras, tu mourras, tu mourras*". Dans le premier récit, Elohîms ne réalisait pas son intention de créer "*comme notre ressemblance*". C'est au glébeux, dans la collaboration et la réciprocité, à réaliser cette advenue "*comme notre ressemblance*".

Le jardin et les paroles prononcées par IHVH-Adonaï Elohîms sont le cadre dans lequel le glébeux pourra réaliser le travail d'advenir à son humanité d'homme et de femme, à son identité relationnelle, à partir de sa condition de glébeux, mâle et femelle, à partir de son identité matérielle et biologique.

L'interdit de manger de l'arbre de la connaissance du bien et du mal est ce qui permet à chacun d'accéder à l'identité relationnelle. Personne ne peut décider seul ce qui est bien ou mal pour chacun. Il y a une sorte de territoire interdit que nul ne peut posséder, une sorte de case vide qui permet à chacun de devenir lui-même dans le regard de l'autre, une sorte de distance à respecter pour que chacun puisse exister. C'est ce qui permet de sortir de la fusion, de la "toute jouissance", du cadeau reçu sans aucune distance ni aucune liberté où tout est donné sans condition et sans limite.

> Dans la liturgie habituelle, l'interprétation de l'écriture et le sens du texte biblique sont donnés le plus souvent, comme en cadeau, par exemple à travers l'homélie du prêtre. Dans la "lectio divina" classique, c'est-à-dire dans la "lecture" ensemble de la parole "divine" selon une méthode bien particulière, ils sont d'abord reçus par la mise en disponibilité et la méditation priante du croyant. Dans le groupe de lecture à plusieurs, ils surgissent, se construisent, se révèlent dans l'interaction des paroles, des regards et des expériences. Mais cette interaction à besoin d'un espace vide, d'un territoire interdit que nul ne peut s'approprier, où l'on ne peut pas s'installer. Cet espace peut être signifié par une table ou mieux encore par un espace autour duquel les tables s'alignent en cercle. L'impossibilité matérielle d'occuper cet espace protège chacun de manger la parole de l'autre, y compris la parole biblique, ou que sa parole soit mangée par l'autre, le protège de manger l'autre ou d'être mangé par lui. Dans ce cadre, la parole peut devenir chemin de vie relationnelle.

L'interdit donné par IHVH-Adonaï Elohîms permet au glébeux d'accéder à l'identité relationnelle. Un long processus est alors mis en œuvre. D'abord la découverte que la solitude n'est pas un bien, ensuite l'expertise de ce qui peut faire sortir de cette solitude, puis la collaboration dans la séparation pour passer de un à deux, pour accéder à la reconnaissance d'une identité qui advient dans l'entre-deux des regards, dans le face à face des vis-à-vis, dans la réciprocité exprimée par la parole.

Vient ensuite l'abandon d'une certaine réalité appelée père et mère, celle que l'on pourrait appeler la toute jouissance où tout n'est que cadeau reçu. IHVH-Adonaï Elohîms prend l'initiative d'informer le glébeux de cette réalité et de la mettre au travail comme dans la vie les parents doivent faire le travail de séparation de l'enfant avec eux-mêmes pour que celui-ci puisse advenir à la réalité de personne. Symboliquement, c'est le rôle du père de couper le cordon ombilical, comme de la mère de donner naissance à son enfant en l'expulsant d'elle-même.

Le travail, le chemin, est de passer d'une réalité de fusion, de solitude, à une réalité de lien, d'attachement pour devenir une seule chair, non pas dans la fusion mais dans le lien. Une seule chair qui pourrait aussi signifier le projet commun, voir le fruit de ce lien : l'enfant, non au sens d'un "glébeux" en plus mais au sens de l'avènement d'une personne dans l'ordre de la reconnaissance. Ish et Isha ne sont pas équivalent à mâle et femelle. Devenir une seule chaire n'est pas de l'ordre de la sexualité mais de la fécondité relationnelle.

"Les deux sont nus, le glébeux et sa femme : ils n'en blêmissent pas." Pourquoi n'est-il pas dit ici "ish" mais glébeux? Il serait plus cohérent de parler de l'homme et de sa femme plutôt que du glébeux et de sa femme. Le glébeux deviendrait-il ish et isha tout en restant glébeux? Peut-être le texte veut-il nous faire entrer dans une identité complexe où l'identité matérielle, l'identité biologique et l'identité relationnelle sont intimement imbriquées? Accepter la complexité des différentes identités n'est-ce pas accepter la complexité du nom "IHVH-Adonaï Elohîms"? Le passage à l'identité relationnelle ne supprime pas l'identité matérielle, biologique. Le lien entre les deux se fait de façon complexe.

Au bout du compte, la reconnaissance de cette complexité, de cette réalité, des limites pour y accéder…ne sont ni une mauvaise chose, ni un danger : *"les deux sont nus, le glébeux et sa femme : ils n'en blêmissent pas."*

> Dans notre maison, Saint Nicolas a gardé la place importante alors que dans la société environnante, il est de plus en plus supplanté par le père Noël. Saint Nicolas vient récompenser les enfants sages tout en étant accompagné par le père fouettard qui vient réprimander les enfants difficiles. Le père Noël offre des cadeaux à tous, sans aucune allusion de récompense ou de sanction. Tout est donné à priori, par pure grâce.
>
> Le père Noël a le vent en poupe, porté par la vague de la société de consommation qui veut faire marcher le commerce, augmenter le profit et combler le manque par l'afflux des cadeaux. Saint Nicolas fait plutôt vieux jeu. Il est encore dans la morale, le mérite voire même la discrimination.
>
> Le père Noël ne nous entretient-il pas dans l'illusion que tout est cadeau, que tout est donné, que tout se reçoit? N'est-il pas le symbole sécularisé d'une semaine qui ne comporterait que six jours et où le travail ne servirait qu'à s'offrir des cadeaux.
>
> Saint Nicolas nous remet devant le principe de réalité. La vie est aussi travail sur soi, respect de l'interdit, mise à distance, creusement du manque, évaluation, réflexion et même mérite.
>
> Aujourd'hui, les parents se sentent de plus en plus obligés d'être en permanence dans la logique du père Noël. Ils doivent tout donner à leurs enfants. Mais ce faisant, ils les empêchent d'avancer sur le chemin de l'éducation, de se réaliser comme personne, de s'ouvrir à la loi qui crée la distance indispensable.
>
> Lorsque les parents ne peuvent plus suivre le rythme des cadeaux réels, ils ont tendance à se réfugier avec leurs enfants dans le cadeau virtuel. La maison peut devenir la cellule de vie virtuelle. Tout peut être reçu et vécu par l'intermédiaire d'un écran.
>
> Chez nous, nous essayons de vivre dans le réel. Beaucoup de parents, lors du retour des enfants en week-end transforment leur maison en maison du père Noël.

Tout devient cadeau mais à un niveau matériel, virtuel. Ils peuvent redevenir enfants consommateurs à côté de leurs enfants. Mais comment ceux-ci peuvent-ils encore grandir?

IHVH-Adonaï : l'identité de la personne

La présence de IHVH-Adonaï adjoint au nom d'Elohîms permet de passer de l'individu à la personne. Supprimer IHVH-Adonaï pour ne plus laisser que Elohîms comme le fait le serpent réduit la personne à l'individu : "*Il dit à la femme : "Ainsi Elohîms l'a dit : 'Vous ne mangerez pas de tout arbre du jardin'"*.

L'individu est un, indivisible, donné à priori, dès la naissance. Il est indistinct, indifférencié, sans aucun recul, sans parole, sans prise de conscience de soi. La seule distinction est celui de mâle et de femelle. Il est une sorte d'objet vivant, d'être vivant. Il est seulement un élément d'une espèce, d'un groupe, d'une foule et n'est pas appelé d'un nom particulier mais d'un nom générique : un glébeux, le glébeux.

IHVH, le tétragramme composée de quatre consonnes sans qu'on puisse y insérer des voyelles, est un nom que l'on ne prononce pas. Cela signifie qu'il est en lui-même habité d'un interdit : on ne peut pas mettre la main dessus, on ne peut le posséder, on ne peut le réduire à un objet. Il échappe à toute définition. Il est toujours au-delà de ce qu'on peut en faire ou en dire. C'est le respect de l'interdit en lui-même et de la part des autres qui lui donne cette existence tout à fait particulière, celle de l'identité relationnelle.

Pour que ce nom s'entende dans le langage parlé, on lui a adjoint le nom de Adonaï. Ce mot est composé de Adon, Seigneur, et de aï qui signifie le possessif. Adonaï peut être traduit en français par "mon Seigneur", qui donnera "monseigneur" ou encore "monsieur".

Dans le processus enclenché par le respect de l'interdit, le glébeux, l'individu peut devenir quelqu'un en face de quelqu'un. Il peut passer à un autre statut. Il peut devenir une personne en face d'une autre personne dans la re-con-naissance. Il peut devenir seigneur en face de son seigneur. Il peut devenir "monsieur".

Le mot personne est intéressant en français. Il peut signifier à la fois "rien" par exemple quand on dit : "*il n'y a personne*". Il peut aussi signifier quelqu'un, une personne. Dans le premier sens, il signifie l'interdit de manger de l'arbre de la connaissance du bien et du mal, l'interdit de posséder, celui de réduire à l'état d'objet. Dans le second sens, il donne une valeur toute particulière à une présence, celle qui advient par la relation de reconnaissance mutuelle.

Le glébeux est devenu ish et isha, homme et femme, tout en continuant à rester glébeux. Il y a en lui à la fois de l'individu et de la personne. Dans le récit que nous venons de travailler, le risque est grand pour isha, pour la femme, de croire qu'il n'y a plus de glébeux en elle, que le travail a été fait par le glébeux, par IHVH-Adonaï Elohîms, et qu'elle est devenue isha, femme, comme en cadeau. Le retour du glébeux à la place de ish, l'homme, dans le dernier verset, pourrait laisser croire que la présence du glébeux existe seulement en l'homme et non en la femme.

Souvent, on confond le glébeux et l'homme. Dans ce cas on pense que seul l'homme dit la parole de reconnaissance alors que c'est le glébeux, à la fois mâle et femelle, qui prononce' cette parole de reconnaissance qui fait advenir à la fois l'homme et la femme. Si c'est seulement l'homme qui dit la parole, une absence de réciprocité apparaît. La femme ne prononce alors aucune parole, elle ne fait aucune action. Elle arrive en second, totalement passive, dans une discrimination importante : la Genèse, à l'image de toute la bible est perçue alors comme un livre d'homme et non un livre de femme.

Pourquoi le serpent s'adresse t-il à la femme et non à l'homme? Si celle-ci a l'impression de ne pas avoir eu son mot à dire, de ne pas avoir dû faire de travail pour advenir, d'avoir été discriminée, elle sera plus sensible à la proposition du serpent qui va lui présenter la transgression de l'interdit non comme une faute mais comme une libération. C'est la transgression qui apparaît alors comme chemin pour advenir à la "ressemblance" d'Elohîms. La femme, en tant que séparée totalement du glébeux, est alors plus fragile, plus sensible à la confusion des identités.

Lorsque la femme laisse parler le serpent en elle, elle laisse la parole dominante à son identité matérielle et biologique. Celle-ci prend le pouvoir en se faisant passer pour toute l'identité. La règle de manger propre à l'identité matérielle et biologique, devient la règle de vie pour l'identité relationnelle aussi. L'interdit de manger disparaît comme disparaît dans la parole du serpent et la réponse de la femme IHVH-Adonaï pour ne laisser que le nom Elohîms. La règle pour vivre comme individu devient la règle pour vivre comme personne. Tout est réduit à l'état d'être vivant, d'objet vivant. Le chemin pour advenir à l'identité relationnelle est faussé, perverti. Les relations vont alors devenir un chemin de mort pour l'avènement de la personne.

> Ils se ressemblent comme deux gouttes d'eau. Seul un grain de beauté sur le visage distingue l'un par rapport à son frère. Il faut beaucoup de temps partagé pour que la distinction se fasse, à la voix, au caractère, au comportement. Les jumeaux peuvent alors être distingués par leurs prénoms et devenir chacun une personne dans le regard des autres.
>
> Leur comportement est étrange et met mal à l'aise. Ils semblent se comporter comme de petits animaux qui vivent l'instant présent sans aucune prise de recul. Ils collent à l'événement, enfermés dans l'instant, jouissant à temps plein d'un bonheur sans nuage puis passant brusquement à la dispute la plus violente lorsqu'une petite contrariété vient glisser son grain de sable.
>
> Le grand frère apparaît régner en maître sur toute la famille. Il a été investi par sa mère d'une toute puissance qu'il utilise largement vis-à-vis de chacun. Il ressemble étrangement à Caïn. Pour les jumeaux, il ne reste presque rien, à l'image de Ebel. Ils se sont fait enfermer dans une sorte de toute jouissance, tour à

tour positive ou négative. Ils sont restés à l'état d'individu et chacun n'est pas vraiment advenu à l'état de personne. La plupart du temps ils sont associés dans un tout et on les appelle "les jumeaux".

Quel chemin accomplir pour que chacun puisse devenir lui-même, distinct de l'autre, de son jumeau, des autres? Appeler chacun par son prénom, créer la distinction dans notre regard en construisant en nous la distance de l'un par rapport à l'autre, s'efforcer à la différenciation. L'un comme l'autre pourra alors devenir unique, une personne qui compte en vis-à-vis de l'autre, qui se libère d'une toute puissance extérieure tout en perdant le refuge illusoire de la toute jouissance.

La confusion des identités

Dans le chapitre trois que nous pouvons relire maintenant, la femme et son homme suivent le raisonnement du serpent. Ils laissent dominer en eux leur identité matérielle et biologique : "*Elle prend de son fruit et mange. Elle en donne aussi à son homme avec elle et il mange*". Quel va être le résultat de cet acte?

"*Les yeux des deux se dessillent, ils savent qu'ils sont nus. Ils cousent des feuilles de figuier et se font des ceintures.*" Juste après avoir mangé du fruit de l'arbre, leurs yeux se dessillent, ils savent qu'ils sont nus. Ceci peut apparaître comme la fin d'un aveuglement. Avant, leurs yeux étaient fermés, ils ne voyaient pas la vérité, ils ne voyaient pas leur nudité. Maintenant, ils voient : ils savent qu'ils sont nus. Le serpent avait donc raison quand il disait : "*du jour où vous en mangerez, vos yeux se dessilleront et vous serez comme Elohîms, connaissant le bien et le mal*". Maintenant ils connaissent, ils savent... et ce qu'ils découvrent leur apparaît comme une réalité à cacher : "*ils cousent des feuilles de figuier et se font des ceintures.*" Leurs yeux s'ouvrent à une réalité qui leur apparaît dangereuse et qu'il faut cacher. Est-ce leur différence qui fait peur et qu'il faut cacher?

Ainsi interprétée, cette phrase arrive à la conclusion inverse du dernier verset du chapitre 2 : "*les deux sont nus, le glébeux et sa femme : ils n'en blêmissent pas*". Alors que leur nudité ne leur inspirait aucune crainte, elle leur apparaît maintenant comme un danger. En écoutant la parole du serpent, en mangeant l'arbre interdit, en voyant avec les yeux du serpent, leur réalité devient dangereuse. Le danger, la peur s'installe entre eux.

La peur s'introduit aussi dans leur relation avec IHVH-Adonaï Elohîms : "*Ils entendent la voix de IHVH-Adonaï Elohîms qui va dans le jardin au souffle du jour. Le glébeux et sa femme se cachent, face à IHVH-Adonaï Elohîms, au milieu de l'arbre du jardin*". C'est la voix qui fait peur. Pas telle ou telle parole mais la voix, c'est-à-dire n'importe quelle parole de IHVH-Adonaï Elohîms. En écoutant la voix du serpent, ils se situent en porte à faux avec la voix de IHVH-Adonaï Elohîms. Celui-ci devient aussi un danger dont il faut se protéger en se cachant. Mais pourquoi vont-ils se cacher au milieu de l'arbre du jardin? Quel arbre? Celui de la vie, celui de la connaissance du bien et du mal? Peu importe la différence entre les arbres. Il y a confusion, inversion, perversion des arbres, des symboles. L'arbre devient seulement un endroit où se cacher parce que toutes les relations deviennent source de danger. La parole pervertie par le serpent pervertit toute relation, tout symbole, toute loi. Ils ne savent plus quel est l'arbre de la vie ou celui de la mort, le chemin de la vie ou celui de la mort. Tout devient confus : vie ou mort de la personne, vie ou mort de l'individu, vie ou mort de l'objet?

"*IHVH-Adonaï Elohîms crie au glébeux, il lui dit: « Où es-tu ? »* " Il ne s'agit pas d'un jeu de cache-cache mais d'une question fondamentale : où te situes-tu, quelle est ta position par rapport aux arbres, quelle est ta position par rapport à ton identité?

Le dialogue qui suit est à la hauteur de la première question : "*Il dit: « J'ai entendu ta voix dans le jardin et j'ai frémi; oui, moi-même je suis nu et je me suis caché. »*" La réponse surgit immédiate : "*« Qui t'a rapporté que tu es nu ? L'arbre dont je t'avais ordonné de ne pas manger, en as-tu mangé?»*". Il est dangereux de prendre chaque phrase séparément car on peut alors se laisser embarquer dans la logique du serpent et croire que IHVH-Adonaï Elohîms aurait caché au glébeux qu'il était nu. La dernière question est plutôt à comprendre : "*Qui t'a rapporté que ta nudité est dangereuse?*" La réponse apparaît immédiate dans l'esprit de IHVH-Adonaï Elohîms : "*L'arbre dont je t'avais ordonné de ne pas manger, en as-tu mangé ?*"

Pour lui, il est évident que la prise de conscience que la nudité soit dangereuse est le résultat du fait d'avoir mangé du fruit de l'arbre interdit. Il n'y a plus entre les personnes l'espace nécessaire pour que chacun se sente en sécurité. Il n'y a plus cette mise à distance inviolable qui garantit la sécurité à l'existence de chaque personne. L'identité, la nudité de chacun est mise en danger et pour la protéger il ne reste qu'un moyen : la cacher, la dissimuler.

C'est la parole de l'inter-dit qui garantissait l'espace indispensable. Maintenant, chacun peut manger la parole en la pervertissant. Maintenant chacun peut être mangé par l'autre. La parole qui crée l'espace permet la prise de recul, la prise de conscience, l'avènement de l'identité relationnelle. La parole pervertie supprime la prise de distance et détruit le chemin de l'identité relationnelle.

"*Le glébeux dit: « La femme qu'avec moi tu as donnée m'a donné de l'arbre, elle, et j'ai mangé. » IHVH-Adonaï Elohîms dit à la femme: « Qu'est-ce que tu as fait ? » La femme dit: « Le serpent m'a abusée et j'ai mangé. »*" Le glébeux et la femme rapportent les faits. Ils ont été abusés par le serpent. Ils se sont laissés entraîner l'un l'autre dans la perversion. Entre le serpent, la femme et le glébeux s'est créé un trio de relations perverties, mortelles, où la responsabilité des uns et des autres est engagée. Il y a perversion, confusion, mic-mac... encore pire que le tohu et bohu initial. Du tohu et bohu a surgi la vie. De la perversion de la parole surgit la mort.

IHVH-Adonaï Elohîms a mené son enquête. Il a permis que chacun prenne conscience des événements. Il va maintenant faire prendre conscience des conséquences. Si nous restons dans la logique du serpent, dans la perversion de la parole, nous pouvons entendre les paroles de IHVH-Adonaï Elohîms comme des paroles de punition voire de vengeance. Si nous voulons recevoir les paroles comme des paroles droites qui veulent mener à la vie en révélant les conséquences des erreurs, du mensonge, de la perversion, nous les entendons de façon très différente.

"*IHVH-Adonaï Elohîms dit au serpent: « Puisque tu as fait cela, tu es honni parmi toute bête, parmi tout vivant du champ. Tu iras sur ton abdomen et tu mangeras de la poussière tous les jours de ta vie. Je placerai l'inimitié entre toi et entre la femme, entre ta semence et entre sa semence. Lui, il te visera la tête et toi tu lui viseras le talon. »* Comment comprendre le mot honni? Peut-être à l'inverse du mot béni tel que prononcé dans le chapitre premier à propos du septième jour. Le septième jour est béni parce qu'il est un chemin de bien, un chemin de vie, un chemin pour accéder à la vie relationnelle, un chemin pour avancer, advenir à la vie humaine. Le serpent est honni parce qu'il a cassé ce chemin, il a perverti la parole, il a confondu les lois pour accéder à l'identité. Il ne va plus pouvoir distinguer la différence entre l'identité biologique et l'identité matérielle voilà pourquoi il va manger de la poussière tous les jours de sa vie. Le risque est grand de réduire en chacun, en chaque être vivant, l'identité relationnelle à l'identité biologique et l'identité biologique à l'identité matérielle. Il n'est pas étonnant alors que nous croyions trouver notre bonheur dans la possession des biens matériels.

La première conséquence concerne l'identité même du serpent. La seconde concerne les relations entre le serpent et celle qu'il a abusée. Entre les deux, il y a inimitié, mais aussi entre la semence du serpent et celle de la femme. Comment comprendre " *Lui, il te visera la tête et toi tu lui viseras le talon*"? Comme un combat entre l'identité matérielle et biologique et l'identité relationnelle? On pourrait alors voir comme une ouverture, un chemin vers la vie à travers un combat dans les générations où "l'enfant" visera la tête et le serpent le talon. Les choses seront remises à leur place si le talon est l'identité matérielle sur laquelle s'appuyer pour donner vie à l'identité relationnelle qui ne sera plus la tête du serpent, la parole de l'identité matérielle, mais la tête de l'enfant, le lieu de la parole de la personne.

"*À la femme, il a dit: « Je multiplierai, je multiplierai ta peine et ta grossesse, dans la peine tu enfanteras des fils. À ton homme, ta passion: lui, il te gouvernera. »*" Pourquoi répéter le mot multiplier? Pour révéler le caractère important, essentiel, inéluctable de la peine, tant de la grossesse que de l'enfantement. Le chemin de la femme sera un chemin de peine et de grossesse, un chemin de peine pour enfanter des fils. Il ne faut pas entendre le mot enfanter à un niveau biologique car ce serait alors retomber dans l'interprétation du serpent. Il suffirait alors d'inventer "l'accouchement sans douleur" pour résoudre la question. Un peu de produit matériel, chimique, et la peine disparaît. Il s'agit ici d'enfanter des fils, des personnes, à la vie relationnelle. Mais comme le chemin a été perverti, confondu, entremêlé, l'enfantement de fils, l'enfantement à la vie relationnelle, ne sera possible qu'avec beaucoup de peine, à l'image d'une grossesse difficile.

"*À ton homme, ta passion: lui, il te gouvernera*". Entre l'homme et la femme, il semble que la passion va prendre la place de la reconnaissance dans la réciprocité. Comment entendre le mot passion? Nous avons déjà vu ce mot dans la bouche de IHVH-Adonaï lorsqu'il avertissait Caïn : "*... à l'ouverture la faute est tapie; à toi, sa passion. Toi, gouverne-la"."* Nous pourrions entendre le mot passion comme les "pulsions" venant de l'identité matérielle et biologique et que l'on n'arrive pas à canaliser par le respect de l'interdit vers la construction de l'identité relationnelle. Au lieu que ces passions soient dominées dans la reconnaissance, elles imposent leurs lois dans une autre identité. C'est le "mâle" qui va gouverner la "femme". Le processus du serpent se répète : la femme et l'homme acceptent que leur identité matérielle usurpe la place de leur identité relationnelle.

Lorsque l'homme prend le gouvernail de la vie relationnelle avec les règles de la vie matérielle et biologique, il passe de la toute jouissance à la toute puissance. Il redevient glébeux en jouant un rôle d'homme. Il régente et gouverne la femme selon les règles de l'identité matérielle et biologique. Il réalise l'illusion de répondre à toutes les envies, à l'instinct, aux pulsions par la possession et la consommation des objets reçus en cadeau. La toute puissance de l'un devient l'illusion de la toute jouissance de l'un et de l'autre.

"*Au glébeux, il dit: « Oui, tu as entendu la voix de ta femme et mangé de l'arbre, dont je t'avais ordonné pour dire: ‹ Tu n'en mangeras pas. › Honnie est la glèbe à cause de toi. Dans la peine tu en mangeras tous les jours de ta vie. Elle fera germer pour toi carthame et chardon: mange l'herbe du champ. À la sueur de tes narines, tu mangeras du pain jusqu'à ton retour à la glèbe dont tu as été pris. Oui, tu es poussière, à la poussière tu retourneras. »* A cause de toi, parce que tu as mangé de l'arbre à ne pas manger, parce que tu n'as pas respecté les règles pour accéder à l'identité relationnelle, la glèbe est honnie. La glèbe est le premier élément d'un chemin qui part du matériel pour arriver au relationnel. Si le chemin est faussé, perverti, stoppé, la glèbe n'est plus un bien mais un mal. Elle ne réalise plus l'objectif pour lequel elle a été créée au chapitre premier. Elle ne peut plus donner vie. Elle devient nourriture pour le glébeux comme elle devenait nourriture pour le serpent. Chacun est renvoyé au point de départ, au matériel. Mais ce matériel ne peut plus être source de vie biologique et relationnelle. Il devient poussière. Il n'y a plus d'eau, ni de souffle, ni d'interdit pour donner la vie. Tout devient objet. Il n'y a plus place pour la personne.

Mais malgré ce chemin de mort, il y a une part d'espoir. Une autre nourriture est possible que celle de la poussière. Il y a carthame et chardon, à manger comme l'herbe des champs, c'est-à-dire avec beaucoup de peine. Les animaux s'en nourrissent quand il n'y a plus rien d'autre. Mais il y a aussi le pain que le glébeux mangera à la sueur de ses narines. Le pain apparaît ici pour la première fois. Il deviendra tout au long de la bible le symbole de la nourriture relationnelle jusqu'au pain "descendu du ciel", symbole de la vie même de "Dieu" donnée aux hommes.

Un chemin vers la vie relationnelle est encore possible mais il ne sera possible qu'avec beaucoup de peine exprimée ici par l'expression "*à la sueur de tes narines*". Nous pouvons trouver cette réalité dans l'expression : "il ne faut pas vivre pour manger mais manger pour vivre". Beaucoup vivent pour manger. Le but de leur existence est de manger, de consommer, de posséder... des biens matériels... et puis les personnes que l'on transforme en objets, en biens, que l'on peut dévorer et consommer. La nourriture n'est pas un objectif mais un moyen pour accéder à un autre objectif : que chacun puisse advenir comme personne en face d'autres personnes. Voilà la vie relationnelle.

"*Tu mangeras du pain jusqu'à ton retour à la glèbe dont tu as été pris. Oui, tu es poussière, à la poussière tu retourneras*". Souvent on voit dans cette phrase la condamnation à mort de l'homme par Dieu. Il devient mortel par la transgression de l'interdit. En mangeant, il aurait perdu l'immortalité. Nous sommes encore dans le regard du serpent.

Voyons dans cette phrase la complexité de notre identité, de nos identités, à l'image de l'expression "*le glébeux et sa femme*" à la fin du chapitre trois alors qu'on attendait "l'homme et sa femme". Ne confondons pas les différentes vies, les différentes identités, les différentes morts. Tout homme passera par la mort matérielle et biologique, même Jésus... Pour ressusciter à sa suite à la vie relationnelle?

"*Le glébeux crie le nom de sa femme: Hava-Vivante. Oui, elle est la mère de tout vivant.*" IHVH-Adonaï Elohîms a terminé de dire à chacun les conséquences de son acte. On en arrive maintenant aux actions. La première action est une parole du glébeux qui crie le nom de sa femme. Nous avons déjà vu que le nom qu'il crie à sa femme n'est pas le reflet de la réalité et que ce faisant il la situe dans l'erreur, le mensonge, l'illusion. Il ne crie pas ce nom dans une parole droite mais dans une parole pervertie par le non respect de l'interdit. Il crie le nom de sa femme en gouvernant la passion de celle-ci, la passion de donner la vie, d'être mère. Mais la vie à quel niveau? Au niveau seulement de "*tout vivant*". Le glébeux gouverne la passion de sa femme en étant gouverné lui-même par la passion de son identité matérielle et biologique. Avec ce nom, avec l'identité reçue du glébeux, la femme Hava ne pourra enfanter que des êtres vivants, non des fils, sinon à travers un chemin de peine.

Dans la parole du glébeux, pas de trace de réciprocité. Et lui, le glébeux, que devient-il? Sera-t-il père de tout vivant? Sera-t-il père de ses fils? Aucune parole à ce niveau. Ce n'est pas étonnant qu'avec Caïn et Abel, il sera surtout père absent.

"*IHVH-Adonaï Elohîms fait au glébeux et à sa femme des aubes de peau et les en vêt*". Pourquoi des aubes de peau? Pour remplacer les ceintures en feuilles de figuier qu'ils s'étaient fait pour cacher leur nudité? Pour se protéger du froid : de gros manteaux de fourrures? Nous avons facilement tendance à en rester au niveau de l'histoire et à ne pas percevoir le sens symbolique.

La peau est ce qui révèle la nudité. Pourquoi revêtir le glébeux et sa femme d'aubes de peau sinon pour leur faire prendre conscience d'une autre nudité. Ces aubes ne révèlent pas leur nudité personnelle, celle découverte au chapitre deux. Elle révèle la nudité des "vivants du champ". Celle du serpent, celle d'autres vivants du champ? Peu importe. Par le non respect de l'interdit, le glébeux et sa femme ont donné priorité à leur identité matérielle et biologique. En leur faisant des aubes de peau, IHVH-Adonaï Elohîms veut leur faire prendre conscience de leur identité, celle qu'ils ont revêtue, mais aussi celle qui se trouve en dessous. Il leur propose un chemin de discernement.

"*IHVH-Adonaï Elohîms dit: « Voici, le glébeux est comme l'un de nous pour connaître le bien et le mal. Maintenant, qu'il ne lance pas sa main, ne prenne aussi de l'arbre de vie, ne mange et vive en pérennité ! »*" Cette phrase résonne étrangement en fonction de l'interprétation que nous avons faite jusqu'ici et qu'elle semble contredire. Elle semble confirmer la vision du serpent. Cherchons des indices qui pourraient aller dans le sens de notre interprétation. Pourquoi IHVH-Adonaï Elohîms parle-t-il ici au pluriel alors que jusqu'à présent il parlait et agissait toujours au singulier?

La phrase pourrait ici donner la vision du glébeux prisonnier de l'illusion où l'a placé la parole du serpent. Dans cette perspective, même IHVH-Adonaï Elohîms devient comme une identité générique. Si le glébeux ne respecte pas l'interdit comme IHVH-Adonaï Elohîms ne respecte pas l'interdit, ils ne peuvent accéder ni l'un ni l'autre à l'identité de personne. Ils sont dans une même situation pour connaître le bien et le mal. Cette vision du glébeux est une illusion comme le confirme la phrase suivante qui laisserait croire que l'arbre de vie donne la vie en pérennité, c'est-à-dire que le glébeux aurait été créé immortel au niveau de son identité matérielle et biologique. Le glébeux pourrait croire que la vie en pérennité est le fruit de l'arbre de vie seulement.

Un autre indice pourrait être que seul le glébeux est expulsé du jardin. "*IHVH-Adonaï Elohîms le renvoie du jardin d''Édèn, pour servir la glèbe dont il fut pris. Il expulse le glébeux et fait demeurer au levant du jardin d''Édèn les Keroubîm et la flamme de l'épée tournoyante pour garder la route de l'arbre de vie.*" C'est le glébeux qui est renvoyé du jardin et privé de l'accès à l'arbre de vie dans la mesure où, perturbé, confondu, perverti dans la perception des identités, il confond l'identité de l'arbre de vie avec toute l'identité. En restant dans le jardin, le glébeux resterait dans l'illusion. Il ne ferait jamais le chemin nécessaire vers l'identité relationnelle.

L'accès à l'arbre de vie devient pour le glébeux impossible car gardé par les Keroubîm et la flamme de l'épée tournoyante. L'accès à l'arbre de la connaissance du bien et du mal est-il lui aussi rendu impossible? Il n'est pas dit que celui-ci est gardé par les Keroubîm et la flamme de l'épée tournoyante. L'accès à cet arbre est laissé à la responsabilité du glébeux?

Pourquoi n'est-il pas dit que la femme est expulsée du jardin? La femme est le résultat d'une partie du chemin accompli dans l'ordre de la reconnaissance, elle est déjà en chemin pour devenir une personne même si elle s'est fourvoyée en route. Il y a peut-être pour elle moins de danger que pour le glébeux qu'elle s'illusionne sur ce qu'est la "vie"? Elle sait que l'accès à la vraie vie, à l'identité de "personne" ne s'obtient pas par l'accès à l'arbre de vie mais en respectant l'interdit de manger de l'arbre de la connaissance du bien et du mal. Elle sait aussi que ce respect ne se fera que dans la peine. Le glébeux quand à lui est expulsé pour l'obliger à se mettre en chemin.

Dans ces phrases reviennent les mots servir et garder. IHVH-Adonaï Elohîms renvoie le glébeux du jardin d'Eden pour servir la glèbe dont il fut pris. Servir indique un travail, un chemin, qui sera pénible, à la sueur de ses narines. Ce n'est plus le glébeux qui va garder le jardin mais les Keroubîm : "*pour garder la route de l'arbre de vie*". Tout ce qui est donné en cadeau ne pourra être obtenu par le glébeux que dans la mesure où il sert la glèbe. Le chemin de l'arbre de vie dépend du chemin accompli pour "servir la glèbe", pour lui redonner son sens ultime, celui de conduire vers l'identité relationnelle.

Qui sont les Keroubîm à qui IHVH-Adonaï Elohîms confie la garde de la route de l'arbre de vie? Nous retrouvons les Keroubîm en Exode 25, 18-20 lorsque IHVH-Adonaï ordonne à Moïse la construction de l'arche d'alliance qui abritera les tables de la loi : "*Fais deux Keroubîm d'or, fais les d'une concrétion aux deux extrémités de l'absolutoire. Fais un Keroub à une extrémité par ici et un Keroub à une extrémité par là. Vous ferez les Keroubîm de l'absolutoire sur ses deux extrémités. Et ce sont les Keroubîm déployant leurs ailes en haut, ombrant de leurs ailes l'absolutoire, leurs faces, l'homme vers son frère, vers l'absolutoire, ce seront les faces des Keroubîm*".

Dans ces versets, les Keroubîm apparaissent en quelque sorte comme les gardiens de l'arche d'alliance ou plutôt des tables de la loi. Ces tables deviennent pour le peuple d'Israël chemin de libération pour accéder à la terre promise, celle de Kena'an, celle qui devient chemin d'accès à la vie relationnelle. Ces tables sont une répétition, une explicitation de l'interdit initial. Entre les Keroubîm, dans l'entre deux de leurs faces, de l'homme vers son frère, un espace de vie est créé, un territoire interdit qui permet à chacun d'exister comme personne. Les tables de la loi occupent symboliquement l'espace créé par le respect de l'interdit de l'arbre de la connaissance du bien et du mal.

En gardant la route de l'arbre de vie, les Keroubîm créent en même temps l'espace nécessaire pour accéder à la vie relationnelle, dans l'entre deux des regards, dans la réciprocité de la reconnaissance.

Que peut signifier "*la flamme de l'épée tournoyante*"? Pouvons-nous rapprocher cette épée de celle jetée par Jésus en Mathieu 10, 34-35 : "*Ne pensez pas que je vienne jeter la paix sur la terre. Je ne viens pas jeter la paix, mais l'épée. Oui, je viens diviser l'homme et son père, la fille et sa mère, la bru et sa belle-mère*". Jésus vient diviser, il vient séparer, il vient créer de l'espace entre les personnes les plus proches pour qu'elles adviennent pleinement. Il fait œuvre de création, par séparation. Voilà le rôle de l'épée : créer un espace, un vide, un entre-deux, un inter-dit. Cette réalité était déjà exprimée dans la phrase du chapitre deux : "*Sur quoi, l'homme abandonne son père et sa mère : il colle à sa femme et ils sont une seule chair*".

Comme pour les Keroubîm, l'image de l'épée tournoyante est celle qui révèle un chemin barré, celui qui conduit à une vie illusoire, pour indiquer un autre chemin, celui de la vie relationnelle.

> "Elle s'est fait un bébé toute seule" raconte la chanson. La maman en a quatre actuellement. On pourrait chanter en parodiant les paroles: "elle s'est fait maman toute seule". Les bébés sont devenus grands, mais ils ont grandi de façon étrange. Le premier s'est construit dans la toute puissance, les suivants deviennent grands tout en restant enfermés dans une sorte de toute jouissance, le petit dernier ressemble à une poupée trimbalée à la suite de sa maman.
>
> La maman s'est mise en route pour devenir maman en relation. Elle ne ménage pas ses efforts, elle sollicite de l'aide, elle essaye de respecter les engagements pris en concertation. Une loi a été installée dans les relations de la famille avec des règles précises, des interdits parfois importants. Mais il y a souvent comme un chemin barré, comme s'il n'y avait plus d'accès vers une vie en "autonomie" où chacun peut grandir comme personne.
>
> La maman est souvent ballottée par les vagues des événements, orientée au gré des vents de ses envies, de son courage ou de ses faiblesses, comme un jouet sans moteur, sans boussole. Tour à tour, elle peut mettre la loi, faire respecter les règles puis brusquement redevenir enfant avec ses enfants s'abandonnant à l'instant présent en perdant toute notion du temps ou encore se laisser aller dans la déprime, sans énergie, sans ressource, sans espoir.

4. LA VIE OU LA MORT

L'identité face à la réalité

Chapitre 4
Caïn et Èbèl
1. Adâm pénètre Hava, sa femme. Enceinte, elle enfante Caïn.
Elle dit: « J'ai eu un homme avec IHVH-Adonaï. »
2. Elle ajoute à enfanter son frère, Èbèl.
Et c'est Èbèl, un pâtre d'ovins. Caïn était un serviteur de la glèbe.
3. Et c'est au terme des jours,
Caïn fait venir des fruits de la glèbe en offrande à IHVH-Adonaï.
4. Èbèl a fait venir, lui aussi, des aînés de ses ovins et leur graisse.
IHVH-Adonaï considère Èbèl et son offrande.
5. Caïn et son offrande, il ne les considère pas.
Cela brûle beaucoup Caïn, ses faces tombent.
6. IHVH-Adonaï dit à Caïn: « Pourquoi cela te brûle-t-il,
pourquoi tes faces sont-elles tombées ?
7. N'est-ce pas, que tu t'améliores à porter
ou que tu ne t'améliores pas,
à l'ouverture, la faute est tapie; à toi, sa passion. Toi, gouverne-la. »
8. Caïn dit à Èbèl, son frère... Et c'est quand ils sont au champ,
Caïn se lève contre Èbèl, son frère, et le tue.
9. IHVH-Adonaï dit à Caïn: « Où est ton frère Èbèl ? »
Il dit: « Je ne sais pas. Suis-je le gardien de mon frère, moi-même ? »
10. Il dit: « Qu'as-tu fait ?
La voix des sangs de ton frère clame vers moi de la glèbe.
11. Maintenant tu es honni plus que la glèbe dont la bouche a béé
pour prendre les sangs de ton frère de ta main.
12. Oui, tu serviras la glèbe: elle n'ajoutera pas à te donner sa force.
Tu seras sur la terre mouvant, errant. »
13. Caïn dit à IHVH-Adonaï: « Mon tort est trop grand pour être porté.
14. Voici, aujourd'hui tu m'as expulsé sur les faces de la glèbe.
Je me voilerai face à toi. Je serai mouvant, errant sur la terre:
et c'est qui me trouvera me tuera. »
15. IHVH-Adonaï lui dit: « Ainsi, tout tueur de Caïn subira sept fois vengeance. »
IHVH-Adonaï met un signe à Caïn,
pour que tous ceux qui le trouvent ne le frappent pas.
16. Caïn sort face à IHVH-Adonaï et demeure en terre de Nod au levant de l''Édèn.
17. Caïn pénètre sa femme.
Enceinte, elle enfante Hanokh. Il bâtit une ville

et crie le nom de la ville, comme le nom de son fils: Hanokh.
18. ʻIrad est enfanté pour Hanokh. ʻIrad fait enfanter Mehouyaél.
Mehouyaél fait enfanter Metoushaél.
Metoushaél fait enfanter Lèmèkh.
19. Lèmèkh se prend deux femmes.
Nom de l'une, ʻAda. Nom de la deuxième, Sila.
20. ʻAda enfante Iabal, il est le père de qui habite la tente et le cheptel.
21. Nom de son frère, Ioubal.
Il est le père de tout saisisseur de lyre et de viole.
22. Sila elle aussi a enfanté Toubal-Caïn, marteleur de tout,
artisan du bronze et du fer; et la sœur de Toubal-Caïn, Naʻama.
23. Lèmèkh dit à ses femmes:
« ʻAda et Sila, entendez ma voix, femmes de Lèmèkh, écoutez mon dit:
oui, j'ai tué un homme pour ma blessure, un enfant pour ma plaie.
24. Oui, Caïn subira vengeance sept fois et Lèmèkh soixante-dix et sept. »
25. Adâm pénètre encore sa femme, elle enfante un fils.
Elle crie son nom, Shét:
« Oui, Elohîms m'a placé une autre semence à la place d'Èbèl:
oui, Caïn l'a tué. »
26. Pour Shét aussi il a été enfanté un fils. Il crie son nom: Enosh.
Alors, le nom de IHVH-Adonaï commençait à être crié.

Revenons à Caïn là où nous l'avons laissé au début de notre réflexion. L'identité relationnelle de Caïn héritée par la parole de sa mère s'est écroulée devant la vérité de la réalité révélée par l'acte de IHVH-Adonaï lorsqu'il refuse l'offrande de Caïn. Cet anéantissement de Caïn est confirmé par l'absence de parole et conduit à la mort d'Ebèl.

La parole « relationnelle » de sa mère le définit comme un tout, un cadeau reçu, un objet appartenant à sa mère. Elle ne le définit pas comme sujet mais comme objet. Les relations construites par Caïn ne peuvent se situer qu'à partir de là, au même niveau, dans le même paradigme. L'autre ne peut alors que devenir un objet pour lui, un cadeau à recevoir, une chose à posséder.

Caïn n'a pas encore fait l'expérience du manque, de la limite, celle qui permet à chacun d'exister comme sujet. Lorsque cette expérience survient quand IHVH-Adonaï ne considère pas son offrande, l'identité de Caïn s'écroule. L'identité construite par la parole de sa mère s'écroule par l'acte de non considération par IHVH-Adonaï. "*Ses faces tombent*". Parce qu'il n'est plus tout, il devient rien. Il se retrouve sans identité. Pour lui c'est l'anéantissement complet. La réalité rencontrée dans la relation d'offrande à IHVH-Adonaï détruit tout ce que Caïn pensait être.

Une parole de IHVH-Adonaï est dite, une ouverture pour aider Caïn à prendre distance, à ouvrir une brèche où exister encore. "*Pourquoi cela te brûle-t-il, pourquoi tes faces sont-elles tombées ? N'est-ce pas, que tu t'améliores à porter ou que tu ne t'améliores pas, à l'ouverture, la faute est tapie; à toi, sa passion. Toi, gouverne-la.* " Cette parole invite Caïn à s'interroger sur ce qui se passe, sur les sentiments qu'il éprouve, sur l'expérience douloureuse qu'il est en train de faire. Cette parole de IHVH-Adonaï invite Caïn au dialogue. Dialogue avec lui-même, dialogue avec IHVH-Adonaï, dialogue avec le réel, ce qu'il représente, dialogue de ce qu'il éprouve, ses sentiments, son émotion, avec des faits, une réalité.

Elle l'invite aussi à considérer la suite de cette expérience. Peu importe qu'il reste écroulé et anéanti par la perte de son identité ou qu'il relève la tête, retrouve la face, récupère son identité ou en construise une autre, la faute est tapie.

Cette expression me fait penser au serpent qui aborde Hava. Quelle lecture Caïn va-t-il faire des événements? Une lecture dans laquelle il ne peut supporter de ne pas être tout, comme le sont les Elohîms? Ou une lecture où il accepte de ne pas manger du fruit de l'arbre de la connaissance du bien et du mal, c'est-à-dire où il accepte que s'écroule le tout pour devenir quelqu'un? Va-t-il se laisser entraîner par la passion d'être tout pour ne pas être rien où va-t-il prendre du recul par rapport à cette passion et la gouverner.

La mort relationnelle entraîne la mort matérielle

"*Caïn dit à Ebel son frère « ... »*". Caïn se tourne vers son frère, vers celui avec lequel il ne peut s'empêcher de faire la comparaison. L'offrande de son frère a été considérée, la sienne pas. Il reste enfermé dans cette comparaison et l'absence de parole est un silence glacé, froid, mortel. Caïn veut peut-être parler à son frère comme à un sujet, à un autre. Mais aucune parole ne vient. Il ne peut que le considérer comme un objet auquel on ne peut dire une parole. Caïn est incapable de prendre distance, de sortir de son enfermement.

Caïn aurait pu se tourner vers IHVH-Adonaï, lui demander pourquoi il ne considérait pas son offrande, pourquoi il agréait celle de son frère. Il aurait pu crier à l'injustice, au favoritisme. Mais si IHVH-Adonaï représente le réel devant lequel se révèle la vérité de son identité, comment changer le réel, détruire le réel? Comment avoir barre sur lui? Cela n'est pas possible.

Caïn aurait pu aussi se retourner vers sa mère, vers celle qui lui a donné son identité et ainsi l'a mis dans la situation impossible où il se trouve maintenant. Mais comment changer ses origines, comment avoir barre sur le passé?

Caïn ne peut se tourner que vers le frère, celui qui lui révèle la différence, celui qui peut faire surgir la comparaison.

L'absence de parole de Caïn à Ebel montre que pour Caïn, Ebel n'est pas considéré comme un sujet auquel il peut s'adresser. Il n'a pour lui qu'une identité d'objet dont il peut disposer à sa guise.

"*Et c'est quand ils sont au champ, Caïn se lève contre son frère Ebel et le tue.*" La phrase est courte, claire, nette et le dénouement implacable. La scène se passe dans le champ. Cela fait penser au vivant du champ, au serpent, de nouveau. Comme si les deux frères n'étaient pas au niveau de ish isha, mais au niveau des vivants du champ, ceux qui n'ont pas encore accédé à l'identité relationnelle par le respect de l'interdit.

Cela débouche pour les deux frères sur la mort. La mort physique d'Ebel par le crime de Caïn, la mort relationnelle de Caïn parce qu'il reste enfermé au niveau du champ, au niveau de l'objet.

> Chaque semaine, chacun des jeunes de la maison est invité à participer obligatoirement à un entretien de prise de parole. Celui-ci a pour objectif de libérer peu à peu la parole indispensable à la prise de recul. Le plus souvent, dans la mesure où cela est possible, l'entretien se fait avec deux adultes. Il est important de se retrouver à trois pour éviter de se laisser enfermer dans les mots.
>
> Au début, cela est assez difficile pour le jeune. Lorsqu'il est invité à parler, souvent sa réponse est :"*je n'ai rien à dire*". Parfois le silence s'installe ou les adultes parlent à deux... jusqu'au moment où le jeune se laisse prendre au jeu de la conversation.
>
> La seconde étape est celle du "*je ne sais pas*". Lorsqu'il s'agit de parler de sa vie, de ce qu'on a fait, de ce qu'on a ressenti, parler de soi simplement, cela devient très difficile. Plus encore lorsque les questions sont de l'ordre du pourquoi. La vie se déroule dans des événements successifs sans qu'il y ait retour sur les événements, sans évaluation, sans mise en parole. Le "*je ne sais pas*" débouche parfois sur une sorte de jeu, de pari où symboliquement chaque expression "*je ne sais pas*" fait l'objet d'une perte d'argent. Il faut trouver une autre expression qui permette d'éviter de répondre tout en échappant à la sanction quand la parole interdite est prononcée ou alors se mettre à parler.
>
> Lorsqu'on demande comment cela s'est passé, on reçoit bien souvent une réponse du genre passe-partout comme "*c'était bien*" ou encore "*c'était chiant*". Et la conversation s'arrête-là. Il reste une impression globale, une évaluation générique ou superficielle qui engage à peu.
>
> Certains, lorsque la parole se libère, se lancent dans des histoires sans fin. Les mots succèdent aux mots dans un flot continu, parfois torrentueux. Le travail est alors de modérer les mots pour que ceux-ci deviennent parole, nourrie à la fois des événements et enrichie de la mise à distance des mots.
>
> Il arrive aussi que la seule parole possible du jeune soit celle des actes sans qu'il puisse mettre ceux-ci en lien avec des mots. Les adultes essayent alors de décoder, d'interpréter, de faire des liens, en échos, en méditation, en dialogue... avec lui.
>
> La vie partagée ne se limite pas à l'entretien. Il y a tous les autres moments de vie où les actes et la parole se situent à un autre niveau. Il est important de signifier et vivre l'entretien de prise de parole comme un moment bien particulier.

Punition, connaissance des conséquences, chemin de reconstruction

Autant le récit du meurtre est rapide, précédé par une mise en situation très concise, autant la suite développe le dialogue entre IHVH-Adonaï et Caïn. Comme si la mort physique d'Ebel était l'élément déclencheur chez Caïn pour lui permettre de prendre distance.

"*Suis-je le gardien de mon frère?*" Suite à l'interpellation de IHVH-Adonaï, Caïn semble parler de son frère comme si tout à coup il devenait quelqu'un qui aurait pu ou du avoir de l'importance pour lui.

Mais surtout Caïn peut faire l'expérience d'une autre réalité qui le touche dans une autre identité, celle de son métier, celle de son rapport à la terre. "*La voix des sangs de ton frère clame vers moi de la glèbe.*" "*Oui tu serviras la glèbe : elle n'ajoutera pas à te donner sa force. Tu seras sur la terre mouvant, errant.*" La terre qui le faisait vivre ne sera plus pour lui une source de vie parce qu'elle a bu les sangs de son frère. Les trois identités sont liées : l'identité objective, l'identité fonctionnelle, le métier, et l'identité relationnelle, le rapport aux autres. Le problème dans l'une ou l'autre identité entraîne une remise en question des autres identités.

Parce que ce qui le faisait vivre dans son rapport à la terre n'est plus possible, Caïn doit changer de métier. Il devient un errant. D'agriculteur Caïn doit-il devenir chasseur cueilleur?

Ce changement dicté par la voix de IHVH-Adonaï peut apparaître comme une punition pour le meurtre commis. Il peut aussi apparaître comme la conséquence de la perte de ses identités et comme le chemin nécessaire pour en retrouver ou en reconstruire une autre. L'errance ne serait pas alors une punition mais le chemin nécessaire et indispensable pour vivre.

"*Mon tort est trop grand pour être porté. Voici aujourd'hui tu m'as expulsé sur les faces de la glèbe. Je me voilerai face à toi. Je serai mouvant, errant sur la terre : et c'est qui me trouvera me tuera.*"

Pourquoi les autres (et quels autres?) devraient-ils tuer Caïn? Par vengeance parce que Caïn a tué son frère? Parce que celui qui a tué quelqu'un mérite d'être tué à son tour? La peine de mort pour un meurtre? Mais si la loi est telle, pourquoi n'est-ce pas IHVH-Adonaï qui s'en charge, c'est-à-dire le réel?

Caïn se sent en danger de mort devant quiconque parce qu'il découvre enfin qu'il est sans identité. Son identité relationnelle, celle reçue dans la parole de sa mère, s'est écroulée devant la non considération de son offrande. Son identité fonctionnelle s'est écroulée suite à son rapport modifié à la terre : "*Tu m'as expulsé des faces de la terre.*". Son identité matérielle et biologique est mise en péril par la perte de ses deux autres identités : "*et c'est qui me trouvera me tuera.*"

Caïn exprime l'expérience fondamentale de perte totale de son identité, de ses différentes identités. Il découvre qu'il est mort à tous les niveaux et donc aux yeux de quiconque, aux yeux de n'importe quel autre. Il découvre qu'il est mort au niveau de son identité globale. Son nom devient personne, au sens de rien.

Caïn quitte une position de toute puissance pour entrer dans la vulnérabilité mais cette vulnérabilité est interprétée ici comme une mort. Le fait de verbaliser devant un autre sa souffrance, son émotion, ses sentiments... jusqu'à la mort, est aussi un appel à l'aide pour vivre et ouvre à l'espérance.

Ce nouvel élément est exprimé dans la réponse de IHVH-Adonaï : "*Ainsi, tout tueur de Caïn subira sept fois vengeance.*" IHVH-Adonaï met un signe à Caïn pour que tous ceux qui le trouvent ne le frappent pas.

Pourquoi IHVH-Adonaï tient-il tant à ce que personne ne tue Caïn au point de dire que "*tout tueur de Caïn subira sept fois vengeance*". On pourrait comprendre "*sept fois vengeance*" comme une loi plus extrême que la loi du talion. Une loi qui n'exige pas une mort pour une mort, mais une loi qui exige sept morts pour une mort. Rien dans l'attitude de IHVH-Adonaï ne permet d'interpréter ainsi sa parole.

Je préfère rapprocher le chiffre sept du sens du septième jour de la création. Le chiffre sept est un chiffre "magique" dans la bible. Dans le premier récit de la création, le septième jour est le jour ou Elohîms se met en chômage pour que le glébeux accède à la vie, à la vie à la ressemblance d'Elohîms, le jour béni et consacré. Le mot vengeance semble indiquer le contraire, c'est-à-dire la punition ou la conséquence suite à un acte de mort. Subir sept fois vengeance serait alors l'inverse du septième jour, c'est-à-dire l'impossibilité de vivre encore la vie du septième jour, la vie "selon la ressemblance d'Elohîms". Cette même vie suppose le respect de l'interdit qui laisse une place à l'autre, qui empêche de devenir le tout. Cette attitude du septième jour doit devenir l'attitude fondamentale des autres jours de la semaine. Celle qui permet d'accéder chaque jour à l'identité relationnelle sans se laisser enfermer dans l'identité objective en en faisant une totalité. Celle qui ne confond pas la nudité du serpent et celle du glébeux et de sa femme, l'identité de l'être vivant avec l'identité de l'homme, de la femme, de IHVH-Adonaï Elohîms

En tuant Caïn, le meurtrier tue sa propre identité relationnelle comme Caïn vient d'en faire l'expérience. Il ne se situe plus dans la dynamique du septième jour, celle qui fait advenir à la vie relationnelle. Il meurt à son identité relationnelle.

IHVH-Adonaï n'est pas celui qui punit ou récompense, mais le réel qui permet de découvrir comment l'on existe ou comment l'on n'existe plus dans son identité relationnelle. Le chemin proposé à Caïn est d'enfin construire ou reconstruire en vérité son identité relationnelle. L'autre, les autres, ne peuvent l'empêcher de la construire sous peine de perdre eux-mêmes leur propre identité. Le chemin du septième jour est proposé à Caïn et à n'importe qui voulant le tuer.

Voilà le signe que IHVH-Adonaï met à Caïn : tout homme, même le pire, même le meurtrier de son frère peut, s'il se met en chemin, en errance, construire une identité relationnelle qui fait vivre. Il peut passer de personne au sens de rien à personne au sens de quelqu'un.

Caïn ne peut pas être tué par chaque rencontre dans la mesure où il ne s'identifie ni à son identité perdue dans l'offrande non agréée, ni à celle perdue à travers son travail, ni à celle qui l'identifierait à l'acte de tuer son frère. La culpabilité peut entraîner l'identification entre l'acte et la personne. La responsabilité fait la distinction entre les deux. L'acte est condamné, pas la personne. Si l'on ne peut revenir en arrière au niveau de l'acte et effacer le passé en faisant revenir Ebel à la vie, au niveau de la personne, cela est différent. Caïn peut accomplir le chemin de devenir quelqu'un, une personne.

"*Caïn sort face à IHVH-Adonaï et demeure en terre de Nod au levant de l'éden*" Caïn peut sortir face à IHVH-Adonaï. Il peut se mettre en chemin et se reconnaître devant le réel. Un chemin a déjà été fait depuis quelques versets où Caïn disait "*je me voilerai face à toi.*" Dans le dialogue, dans la parole partagée, une reconnaissance est déjà en route. Une identité relationnelle se construit. Caïn retrouve une certaine face en face d'un autre, en face de IHVH-Adonaï qui le reconnaît comme personne. Il peut sortir face à lui et partir à la rencontre de lui-même, des autres, du monde. C'est un nouveau départ, une nouvelle vie. Celle-ci va-t-elle s'accomplir en terre de Nod, au levant de l'éden, là où va demeurer Caïn?

> Le chemin de la prise de parole demande un minimum de règles pour que la parole devienne source de vie et non source de mort.
>
> La première est de révéler une sorte de "toute puissance" du réel. Les actes entraînent des conséquences qui sont le plus souvent au-delà de nos possibilités d'action. Souvent les conséquences sont masquées parce que reportées dans le temps ou encore inaccessibles à notre connaissance ou notre conscience. Il est indispensable de signifier les conséquences par la sanction, que celle-ci soit positive ou négative. Symboliquement, la sanction prise par l'adulte, le parent ou l'éducateur, est de faire prendre conscience du réel.
>
> La seconde est de révéler la "vulnérabilité, la limite, la faiblesse" de l'autre, de l'adulte, du parent, de l'éducateur en mettant un interdit, un inter-dit dans la relation. L'autre ne peut pas être tout-puissant, sa parole non plus. Pour cela il est important de ne pas identifier la personne à l'acte qu'elle a accompli et de toujours signifier un chemin d'ouverture, de liberté, de vie.
>
> Le travail à deux adultes dans l'entretien permet de distinguer les deux démarches en se partageant tour à tour les rôles : à la fois révéler le réel, la puissance des actes, du matériel, du biologique... et en même temps ouvrir un espace à la parole de l'autre pour que chacun puisse advenir comme personne, comme sujet.

Le non chemin entraîne la mort

17. Caïn pénètre sa femme.
Enceinte, elle enfante Hanokh. Il bâtit une ville
et crie le nom de la ville, comme le nom de son fils: Hanokh.
18. 'Irad est enfanté pour Hanokh. 'Irad fait enfanter Mehouyaél.
Mehouyaél fait enfanter Metoushaél.
Metoushaél fait enfanter Lèmèkh.

19. Lèmèkh se prend deux femmes.
Nom de l'une, 'Ada. Nom de la deuxième, Sila.
20. 'Ada enfante Iabal, il est le père de qui habite la tente et le cheptel.
21. Nom de son frère, Ioubal.
Il est le père de tout saisisseur de lyre et de viole.
22. Sila elle aussi a enfanté Toubal-Caïn, marteleur de tout,
artisan du bronze et du fer; et la sœur de Toubal-Caïn, Na'ama.
23. Lèmèkh dit à ses femmes:
« 'Ada et Sila, entendez ma voix, femmes de Lèmèkh, écoutez mon dit:
oui, j'ai tué un homme pour ma blessure, un enfant pour ma plaie.
24. Oui, Caïn subira vengeance sept fois et Lèmèkh soixante-dix et sept. »

L'histoire de Caïn continue dans la relation à sa femme et à la naissance d'un fils et se poursuit jusqu'aux trois fils de Lèmèkh à travers sept générations. Elle se termine par la déclaration impressionnante de Lèmèkh : "*Ada et Sila, entendez ma voix, femmes de Lèmèkh, écoutez mon dit : oui, j'ai tué un homme pour ma blessure, un enfant pour ma plaie. Oui, Caïn subira vengeance sept fois et Lèmèkh soixante-dix et sept.*".

La déclaration de IHVH-Adonaï au verset 15 disait que tout tueur de Caïn subira sept fois vengeance. Ici Lèmèkh dit que Caïn subira sept fois vengeance. Comme si Caïn était devenu tueur de Caïn. Nous avons interprété l'errance de Caïn comme un chemin qui doit lui permettre d'advenir à l'identité relationnelle porteuse de vie. La déclaration de Lèmèkh semble indiquer que Caïn n'a pas atteint cet objectif, qu'il est devenu meurtrier de lui-même, qu'il n'a pas construit son identité relationnelle. Subir sept fois vengeance, c'est vivre l'inverse de ce qui est proposé le septième jour, c'est ne pas accéder à l'identité relationnelle, c'est tuer en soi cette identité.

La phrase se poursuit par "*et Lèmèkh soixante-dix et sept.*" Je trouve qu'écrire en chiffre plutôt qu'en lettre est plus parlant : "*Caïn subira vengeance 7 fois et Lèmèkh 77.*" Lèmèkh serait-il devenu meurtrier de l'identité relationnelle à une puissance, à un degré encore supérieur à celui de Caïn indiqué par le chiffre 77? La phrase précédente peut nous donner quelques indications sur ce "meurtre" : "*J'ai tué un homme pour ma blessure, un enfant pour ma plaie.*" Lèmèkh a tué un homme, à l'image de Caïn, il est devenu meurtrier de lui-même parce qu'il n'est pas advenu à l'identité relationnelle. Il a aussi tué un enfant. Aurait-il empêché un enfant d'accéder à l'identité relationnelle? Et si le chiffre 77 indique une sorte de plénitude, Lèmèkh serait-il devenu meurtrier de tout enfant.

Quel sens donner aux mots blessure et plaie? La blessure pourrait être celle de Caïn transmise de génération en génération à travers les enfantements? La blessure est celle subie par Caïn lorsqu'il a tué son frère Ebel. En tuant l'autre, Caïn tue en lui l'identité relationnelle. Cette blessure ne pourra être soignée, guérie que par la poursuite d'une errance, d'un chemin. Comme Caïn s'est arrêté et a construit une ville au lieu de poursuivre le chemin, la blessure est devenue plaie.

La déclaration solennelle de Lèmèkh à ses deux femmes serait la constatation d'un chemin de mort poursuivit à travers 7 générations, un chemin de mort en plénitude, totale, à la vie relationnelle. Lèmèkh constate que nul adulte n'a pu accéder à la vie, mais aussi que nul enfant. La vie relationnelle n'a pu être transmise, elle est morte avant de naître. Caïn et ses descendants sont enfermés, prisonniers dans un chemin de mort à la vie relationnelle.

De Caïn à Lèmèkh et ses fils, un homme, l'homme, tout homme a été tué ou plutôt n'a pas pu accéder à la vie relationnelle. Un enfant, l'enfant, tout enfant a été tué ou n'a pas accéder à la vie. Voilà le sens de 77 fois vengeance. C'est la sanction, la conséquence, la constatation de celui qui a empêché d'accéder à la vie. Ce faisant il tue à la fois l'homme qui ne peut accéder à la vie, mais aussi l'enfant, c'est-à-dire le point de départ pour faire un chemin de vie.

Depuis Caïn en passant par Hanokh, Irad, Mehouyaél, Metoushaél, Lèmèkh, jusqu'aux trois enfants Iabal, Ioubal, Toubal-Caïn, personne n'a pu accéder à la vie. Voilà la constatation de Lèmèkh

Pourquoi la blessure est-elle devenue plaie, pourquoi Caïn a-t-il arrêté son chemin? De la même façon qu'il a vécu la perte de son identité comme un anéantissement, peut-être a-t-il vécu le fait de devoir faire un chemin d'errance comme une punition, comme une culpabilité qui enferme, qui écrase et non comme une reconstruction, une nouvelle naissance, une nouvelle vie, une nouvelle identité.

"Caïn pénètre sa femme. Enceinte, elle enfant Hanokh. Il bâtit une ville et crie le nom de la ville comme le nom de son fils : Hanokh." Au lien de poursuivre son errance, de continuer son chemin, Caïn s'est arrêté, il s'est installé. Il a bâti une ville. Au lieu de se construire une identité relationnelle, il s'est attelé aux tâches matérielles, à la réalisation d'objets. Plus encore, ces objets sont devenus plus importants que la personne de son fils. Caïn crie le nom de la ville. On n'indique pas qu'il crie le nom de son fils. Il crie le nom de la ville comme le nom de son fils. Soit cela veut indiquer que la ville est plus importante que son fils, soit que son fils est pour lui comme une ville, comme un objet. Caïn, en s'arrêtant n'est pas advenu à l'identité relationnelle et n'a pas transmis celle-ci à son fils.

La succession des générations est signalée seulement par le même mot "enfanter" utilisé d'abord pour la naissance de Hanokh. La vie est transmise de génération en génération de la même manière que Hanokh a été enfanté, c'est-à-dire sans être situé dans une identité relationnelle mais seulement dans une identité matérielle. Avec Lèmèkh, les choses sont un peu différentes. D'abord il se prend deux femmes dont les noms sont signalés. Ensuite, en plus du nom de l'enfant, est signalé le métier qu'il transmettra à sa descendance. Iabal est le père de qui habite la tente et le cheptel. Ioubal est le père de tout saisisseur de lyre et de viole. Toubal-Caïn est marteleur de tout, artisan du bronze et du fer. Même le nom de la sœur des trois frères est signalé : Na'ama. Mais aucun nom n'est crié et seule l'identité fonctionnelle semble importante comme si chacun ne se définissait que par rapport aux objets.

Le fait d'avoir plusieurs femmes, d'augmenter la quantité ne permet pas d'accéder à une identité qualitative supérieure, à l'identité relationnelle. Le fait d'avoir une identité fonctionnelle à travers un métier ne fait pas encore accéder à l'identité relationnelle.

En poussant jusqu'au bout la logique quantitative et la logique fonctionnelle, Lèmèkh prend conscience qu'il n'est pas situé dans le chemin proposé à Caïn par IHVH-Adonaï. Il constate que tous sont enfermés dans l'identité matérielle et biologique sans advenir à l'identité relationnelle. Seule l'identité matérielle a été transmise à ses fils.

Lèmèkh a trois fils comme Adam en aura un troisième dans le verset suivant et comme en auront, un peu plus loin dans le récit Noah et Térah. A chaque fois c'est comme la fin d'une histoire et le début d'une nouvelle. Ici, ce n'est pas le début d'une nouvelle histoire, seulement la fin. Avec ses fils, Lèmèkh est arrivé au bout de la piste, dans une impasse, à la mort.

> La parole peut ne pas être parole mais simplement une succession de mot. Elle ne devient pas alors chemin de re-con-naissance de la personne. L'autre, dans l'entretien, peut alors être un "jeune", un "cas", un "client", un "usager", un "patient". Cela devient plus intéressant quand on utilise le prénom.
>
> Il y a beaucoup de façon d'éviter que la parole soit chemin de relation interpersonnelle, chemin d'éducation, de co-éducation.
>
> En racontant simplement l'histoire, au premier degré, sans prendre recul, sans prendre conscience, sans dégager du sens. C'est souvent l'attitude journalistique qui se veut "objective". On en reste au niveau descriptif de faits objectifs.
>
> La parole peut s'enfermer dans une attitude "scientifique" qui se veut avant tout objective. Elle va plus loin que la description en intégrant l'analyse, mais cette analyse risque de perdre la réalité de l'existentiel en privilégiant la sélection et la séparation des critères. En simplifiant, en séparant, en divisant, elle se trompe sur le réel en en perdant sa complexité. Il n'y a moyen d'en sortir qu'en faisant preuve d'humilité.
>
> Un danger est de trouver la réponse et mieux encore la bonne réponse et de ne plus se situer en recherche, en cheminement. La réponse, la bonne réponse fige la vie.
>
> Il est aussi possible de se perdre dans l'émotion, dans les sentiments, de donner toute la place à l'écoute, à l'empathie, au respect.
>
> Il est peut-être bon de garder à l'esprit cette question : "En quoi ces paroles touchent-elles à ma vie, à mon travail, à ma réalité?" Sinon la parole reste extérieure et ne rejoint pas l'expérience. Et de se poser la question à trois niveaux : au niveau de mon esprit, de ma raison, au niveau de mon cœur, de mon affection, et au niveau de mon ventre, de mes émotions, de mes pulsions.

Et peut-être la question corollaire : "En quoi les paroles me font-elles advenir comme personne, en quoi font-elles advenir l'autre comme personne?"

5. CRIER LE NOM : LA VIE RELATIONNELLE PAR LA RECONNAISSANCE

L'identité relationnelle, personnelle : crier le nom

25.   Adâm pénètre encore sa femme, elle enfante un fils.
Elle crie son nom, Shét:
« Oui, Elohîms m'a placé une autre semence à la place d'Èbèl:
oui, Caïn l'a tué. »
26.   Pour Shét aussi il a été enfanté un fils. Il crie son nom: Enosh.
Alors, le nom de IHVH-Adonaï commençait à être crié.

Adâm, absent depuis le début du chapitre trois, réapparaît ici. Une autre descendance est en route à partir de Adâm et de sa femme. Nous avons vu que Caïn et sa descendance menaient à une impasse. Èbèl est mort. Il n'y a pas d'avenir avec le second fils. Il n'y a plus qu'une seule solution, un nouveau fils.

Cette nouvelle naissance va-t-elle déboucher vers la vie? Si oui, pourquoi? Qu'est-ce qui serait alors différent dans la façon dont le fils est situé?

Shét reçoit son identité de sa mère et il la reçoit d'abord dans le fait que sa mère crie son nom : Shét. Nous avons vu que le fait de crier le nom est le signe d'une reconnaissance relationnelle comme au verset 2,19 : "*Tout ce que le glébeux crie à l'être vivant, c'est son nom.*" Au verset 2,23 : "*A celle-ci sera crié femme – Isha - : oui de l'homme – Ish – celle-ci est prise.*" Au verset 3,20 : "*Le glébeux crie le nom de sa femme : Hava – Vivante.*"

Il est important de crier le nom de l'autre pour pouvoir le reconnaître. Quand le nom n'est pas crié il semble ne pas y avoir de reconnaissance. Ni le nom de Caïn, ni le nom de Ebel n'ont été criés. Dans la descendance de Caïn aucun nom n'est crié.

Au verset 4,25, la femme parle de son fils : "*Oui, Elohim m'a placé une autre semence à la place d'Ebel : oui, Caïn l'a tué.*" Y a-t-il une différence sur la manière de situer son enfant quand la femme parle de Caïn ou quand elle parle de Shét? Ici elle parle d'Elohîms et non de IHVH-Adonaï. Elohîms est davantage acteur que IHVH-Adonaï : "*Elohîms m'a placé une autre semence.*" Ici elle parle moins d'acquisition, de possession, mais de l'action de Elohîms lui plaçant une semence. Elle reconnaît davantage la place de l'autre. Celle de Elohîms mais aussi celle de l'enfant qui n'apparaît plus comme la possession de sa mère.

Il s'agit ici d'une semence et non d'un homme. Pour Caïn, il s'agit d'un homme, accompli. Il n'a plus à devenir, à grandir. Pour Shét, elle parle de semence, c'est-à-dire de quelqu'un en devenir, qui doit grandir. Caïn est tout fait, Shét est à se faire. Chacun a une place active. Aucun n'a une place totalisante. La place de chacun est davantage relative.

Mais où se trouve Adam? Il semble n'avoir nulle place dans les paroles de la femme.

Séth apparaît situé à la place de Ebel. Est-il perçu comme un enfant de substitution? Cela peut-il avoir des conséquences négatives?

Le verset 4,26 nous parle du fils Shét qui devient père : "*Pour Shét aussi il a été enfanté un fils. Il crie son nom : Enosh.*" Pour la première fois le père crie le nom de son fils. Enfin, il y a une reconnaissance du fils par le père. Enfin celui-ci semble bien situé par rapport à son père.

"*Alors le nom de IHVH-Adonaï commençait à être crié.*" Pourquoi est-ce au moment où le père crie le nom de son fils que le texte nous dit que le nom de IHVH-Adonaï commence à être crié? Lorsque le père crie le nom de son fils crie-t-il en même temps le nom de IHVH-Adonaï? Comme si IHVH-Adonaï et Enosh était le même?

Dans notre conception habituelle de l'homme et de Dieu, de l'humain et du divin, cela peut nous heurter de mettre sur un même pied l'homme et Dieu. L'homme et Dieu ne peuvent être le même. L'un est humain, l'autre divin. L'homme n'est pas Dieu et Dieu n'est pas l'homme. S'agirait-il plutôt de reconnaître ici la part du divin dans l'humain lorsque le nom est crié par le père? Serait-ce une reconnaissance d'une vie divine dans l'enfant à l'image de l'haleine de vie insufflée au glébeux par IHVH-Adonaï Elohîms lorsque le glébeux devint un être vivant au verset 2,7?

Revenons à notre texte. Il s'agit ici d'une vie qui surgit de la reconnaissance du fils par le père quand celui-ci crie son nom; une vie du même ordre que quand le glébeux crie le nom d'Isha et fait advenir Ish; une vie qui advient par la reconnaissance

Crier le nom de IHVH-Adonaï est la reconnaissance de l'un par l'autre qui fait advenir l'un et l'autre à l'existence relationnelle. Chacun devient une personne.

"*Commençait.*" Il ne s'agit pas d'une existence, d'une identité acquise, comme pour Caïn, mais d'un processus qui commence, de quelque chose qui se construit, qui grandit… à partir d'une semence, à partir du cri.

La question des noms de "Dieu" est intéressante ici. Il y a Elohîms, IHVH-Adonaï Elohîms, IHVH-Adonaï. Faisons un rapprochement avec le nom et le prénom. Rapprochons Elohîms du nom de famille. C'est la part que l'enfant reçoit, qui le situe dans une histoire, dans une culture, dans une hérédité… Le fils porte le même nom que son père. Le prénom est plutôt du côté de IHVH-Adonaï. Il signifie la part propre à l'enfant, qui le distingue dans sa famille, qui le distingue des autres. Il est aussi la part à construire car le même prénom peut être porté par beaucoup d'autres. C'est à l'enfant à habiter le prénom, à le faire vivre, à le rendre unique par rapport aux autres. Habiter le prénom permet à l'enfant de devenir lui-même, d'être soi, de pouvoir dire "je"… mais aussi de pouvoir reconnaître en l'autre une personne spécifique, différente de lui, un autre à qui il peut dire "tu".

Crier le nom, ou plutôt le prénom, c'est reconnaître l'autre, lui donner la vie dans sa particularité, dans sa personnalité. Cette vie est toujours inscrite dans une relation, dans une parole, un cri.

Lorsque nous avons du mal à appeler l'autre par son prénom ou que nous choisissons de l'appeler autrement, par son nom de famille par exemple ou par des diminutifs, nous donnons un sens particulier à la relation et donc à l'identité de l'autre. Il peut avoir l'impression de ne pas être reconnu pour qui il est vraiment. Il peut avoir du mal à trouver une identité propre, à se situer dans une relation juste par rapport aux autres et par rapport à lui-même. Il peut aussi sentir qu'il entre dans une relation particulière avec quelqu'un d'autre, qui le fait vivre ou le fait mourir à ce qu'il est vraiment, qui le fait entrer dans une relation qui le libère ou l'asservit, qui le fait grandir ou le bloque dans le chemin où il peut vraiment être lui-même. Il est peut-être bon de revenir de temps en temps au prénom, à IHVH-Adonaï, pour vérifier la qualité de notre relation à l'autre.

La parole du père, de celui qui "symboliquement" permet d'advenir à la vie relationnelle, est très importante. Pourquoi? Parce qu'elle casse la fusion avec la mère, symbole de la vie matérielle et biologique? Parce qu'elle casse la confusion introduite par la parole du serpent?

L'identité générique : des fils et des filles

Chapitre 5
Enfantements
1. Voici l'acte des enfantements d'Adâm:
au jour où Elohîms crée Adâm, à la ressemblance d'Elohîms, il les fait.
2. Mâle et femelle, il les crée et les bénit.
Il crie leur nom. Adâm au jour de leur création.
3. Adâm vit cent trente ans, fait enfanter à sa ressemblance,
selon sa réplique et crie son nom, Shét.
4. Et ce sont les jours d'Adâm
après avoir fait enfanter Shét: huit cents ans.
Il fait enfanter fils et filles.
5. Et ce sont tous les jours d'Adâm qu'il vécut, neuf cent trente ans,
et il meurt.
6. Shét vit cent cinq ans et fait enfanter Enosh.
7. Shét vit, après avoir fait enfanter Enosh, huit cent sept ans.
Il fait enfanter fils et filles.
8. Et ce sont tous les jours de Shét, neuf cent douze ans,
et il meurt.
9. Enosh vit quatre-vingt-dix ans. Il fait enfanter Qéinân.
10. Enosh vit après avoir fait enfanter Qéinân huit cent quinze ans.
Il fait enfanter fils et filles.
11. Et ce sont tous les jours d'Enosh, neuf cent cinq ans,
et il meurt.
12. Qéinân vit soixante-dix ans. Il fait enfanter Mahalalél.

13. Qéinân vit après avoir fait enfanter Mahalalél huit cent quarante ans.
Il fait enfanter fils et filles.
14. Et ce sont tous les jours de Qéinân, neuf cent dix ans,
et il meurt.
15. Mahalalél vit soixante-cinq ans et fait enfanter Ièrèd.
16. Mahalalél vit, après avoir fait enfanter Ièrèd, huit cent trente ans.
Il fait enfanter fils et filles.
17. Et ce sont tous les jours de Mahalalél, huit cent quatre-vingt-quinze ans,
et il meurt.
18. Ièrèd vit cent soixante-deux ans et fait enfanter Hanokh.
19. Ièrèd vit après avoir fait enfanter Hanokh huit cents ans.
Il fait enfanter fils et filles.
20. Et ce sont tous les jours de Ièrèd, neuf cent soixante deux ans,
et il meurt.
21. Hanokh vit soixante-cinq ans. Il fait enfanter Metoushèlah.
22. Hanokh va avec l'Elohîms,
après avoir fait enfanter Metoushèlah trois cents ans.
Il fait enfanter fils et filles.
23. Et c'est tous les jours de Hanokh, trois cent soixante-cinq ans.
24. Hanokh va avec l'Elohîms puis il n'est plus: oui, Elohîms l'a pris.
25. Metoushèlah vit cent quatre-vingt-sept ans et fait enfanter Lèmèkh.
26. Metoushèlah vit après avoir fait enfanter Lèmèkh
sept cent quatre-vingt-deux ans.
Il fait enfanter fils et filles.
27. Et ce sont tous les jours de Metoushèlah, neuf cent soixante-neuf ans,
et il meurt.
28. Lèmèkh vit cent quatre-vingt-deux ans et fait enfanter un fils.
29. Il crie son nom, Noah, pour dire:
« Celui-ci nous réconfortera de notre fait
et de la peine de nos mains par la glèbe que IHVH-Adonaï a honnie. »
30. Lèmèkh vit après avoir fait enfanter Noah
cinq cent quatre-vingt-quinze ans.
Il fait enfanter fils et filles.
31. Et c'est tous les jours de Lèmèkh, sept cent soixante-dix-sept ans,
et il meurt.
32. Et c'est Noah âgé de cinq cents ans,
Noah fait enfanter Shém, Hâm et Ièphèt.

"*Voici l'acte des enfantements d'Adâm.*" Nous pourrions nous attendre à découvrir les trois fils enfantés par la femme d'Adâm, Caïn, Ebel et Shét, mais il n'est question que du troisième fils, Shét. Les deux premiers ne sont pas mentionnés comme s'ils n'étaient pas les fils d'Adâm, comme si la vie n'avait pas vraiment été transmise, comme si leur chemin était un chemin de mort dès le départ.

Les enfantements de Adâm font suite dans le texte aux enfantements de Caïn. Comparons rapidement la généalogie de Caïn et celle de Shét. De Caïn aux trois fils de Lèmèkh il y a sept générations. De Shét aux trois fils de Noah, dix générations.

La généalogie de Caïn se termine par une constatation de mort dans la déclaration de Lèmèkh : ""*Ada et Sila, entendez ma voix, femmes de Lèmèkh, écoutez mon dit : oui, j'ai tué un homme pour ma blessure, un enfant pour ma plaie. Oui, Caïn subira vengeance sept fois et Lèmèkh soixante-dix et sept.'*"" Comment se termine la généalogie de Shét? Par une déclaration solennelle de Lèmèkh à propos de son fils Noah : "*Celui-ci nous réconfortera de notre fait et de la peine de nos mains par la glèbe que IHVH Adonaï a honnie.*" Cette déclaration semble indiquer la vie. Dans la première généalogie, le chiffre 77 indique la vengeance que subira Lèmèkh, dans la seconde le chiffre 777 indique le nombre d'années vécues par Lèmèkh. Ici aussi les chiffres semblent indiquer que la généalogie de Caïn débouche sur la mort et celle de Shét sur la vie.

Pourquoi un même nom Lèmèkh dans chacune des généalogies. Dans une interprétation symbolique comme nous la faisons dans ce livre, cela doit avoir du sens. Nous pouvons y voir comme un même personnage pris, dans le premier cas, dans une dynamique de mort et, dans le second cas, dans une dynamique de vie. Chacun n'est pas enfermé ou prisonnier dans une dynamique. Il en est dépendant mais il peut choisir de changer cette dynamique à l'image de l'invitation faite à Caïn par IHVH-Adonaï de se mettre en chemin, d'inverser les choses. Dans la première Lèmèkh prend conscience d'un chemin de mort, dans la seconde, il prend conscience d'un chemin de vie.

Nous pouvons voir une même problématique à propos de Hanokh que l'on trouve dans les deux généalogies et qui passe d'une position assez anonyme dans la première à une position particulière dans la seconde.

Abordons les enfantements d'Adâm de plus près pour essayer de découvrir les indices qui conduisent à la vie.

Les versets un et deux sont un court résumé de la création de Adâm par Elohîms : "*au jour où Elohîms crée Adâm, à la ressemblance d'Elohîms, il les fait. Mâle et femelle, il les crée et les bénit. Il crie leur nom, Adâm au jour de leur création.*" Ce verset reprend la création d'Adâm par Elohîms du premier récit de la création avec des points semblables : Adâm est à la fois un singulier et un pluriel; il est créé mâle et femelle; Elohîms les crée et les bénit. Nous pouvons dire que l'identité matérielle et biologique d'être vivant leur est donnée. Des différences apparaissent cependant entre ce résumé et le premier récit : il n'est pas parlé du glébeux; Elohîms les crée à sa ressemblance et non à sa réplique; il crie leur nom, Adâm au jour de leur création. Ces différences indiquent qu'ils peuvent accéder à l'identité relationnelle.

Adâm transmet ces identités à Shét dans la mesure où il fait enfanter à sa ressemblance, selon sa réplique et crie son nom Shét. Au début, Adâm est un pluriel, mâle et femelle. Puis il devient un singulier. Shét est un singulier. Est-ce que cela indique que Shét est un fils ou simplement un enfant, mâle et femelle sans distinction comme l'indique le nom Adâm aux versets un et deux.

Dans la généalogie, si on opte pour le fait que Adâm est un masculin et donc un homme par différenciation de la femme, on constate que seul les enfants mâles sont concernés. Si nous le prenons pour un pluriel ou un singulier générique, cela concerne la transmission de la race humaine tant dans sa dimension masculine que féminine. La ritournelle qui revient à la fin de la vie de chacun "*il fait enfanter des fils et des filles,*" est une façon d'indiquer l'humain dans ses deux dimensions.

Depuis Shét jusqu'à Lèmèkh, il est simplement cité le nom sans qu'il soit précisé qu'il s'agit d'un fils. C'est seulement pour Noah qu'il est dit "*il fait enfanter un fils. Il crie son nom, Noah.*" Noah devient ici un singulier. Dans la déclaration de Lèmèkh à propos de son fils Noah "*Celui-ci nous réconfortera de notre fait et de la peine de nos mains par la glèbe que IHVH-Adonaï a honnie*", il s'agit de IHVH-Adonaï. Nous sommes passé de Elohîms, pluriel ou singulier générique, au début de la généalogie, au singulier IHVH-Adonaï à la fin de celle-ci. La généalogie passe d'une identité générique à une identité particulière, Noah dont on va raconter l'histoire. Elle met en évidence la transmission de génération en génération, des parents à leur enfant, en les situant chaque fois d'une façon qui semble assez juste pour leur transmettre une identité complète et équilibrée, à partir d'Elohîms pour se terminer par IHVH-Adonaï dans l'explication donnée au nom Noah. Dans celle-ci, il y a référence à la terre honnie suite au fait que le glébeux et sa femme ont mangé du fruit de l'arbre de la connaissance du bien et du mal. Nous pouvons voir la suite des générations comme un chemin, une errance pour que les relations soient rétablies dans davantage de justesse entre les identités symbolisées aussi par les relations entre l'homme et la glèbe.

Venons-en maintenant à Hanokh. Avec Hanokh, il y a rupture dans le rythme de l'histoire quand il est dit que "*Hanokh va avec l'Elohîms,*" après avoir fait enfanter Metoushèlah et ensuite, après la ritournelle "*il fait enfanter fils et filles*", quand il est dit "*et c'est tous les jours de Hanokh, trois cent soixante cinq ans. Hanokh va avec l'Elohîms puis il n'est plus : oui, Elohîms l'a pris.*" La différence est assez sensible entre le nombre des années de vie de Hanokh et celui des autres : un nombre beaucoup moins élevé et un chiffre qui correspond au nombre de jours d'une année. Il n'est pas dit que Hanokh meurt mais "*qu'il va avec l'Elohîms puis il n'est plus : oui Elohîms l'a pris.*" Nous pouvons y voir comme une espèce d'harmonie retrouvée avec l'Elohîms du chapitre premier où on ne parle pas de mort, une relation qui peut se vivre à l'image du septième jour de la création où Elohîms se met en chômage pour laisser une place à l'homme, celle de co-créateur, et cela pendant un cycle complet, celui du nombre de jours d'une année complète transposé en nombre d'années.

Nous découvrons dans cette généalogie un nombre d'indices suffisant pour comprendre la phrase du verset 9 au chapitre 6 : "*Noah est un homme juste, intègre, en ses cycles : Noah va avec l'Elohîms.*" Il ne faut pas comprendre ici le mot juste au niveau moral mais comme situant Noah dans une relation juste avec l'Elohîms, avec l'héritage de vie reçu. Cela n'a été possible que dans la mesure où ses ancêtres, ceux qui lui ont transmis la vie ont pu vivre une relation située avec davantage de justesse et ont pu la transmettre dans l'enfantement.

Lorsque le jeune arrive dans la maison, il reçoit un album dans lequel il est invité à mettre des photos, ses photos. La plupart du temps, il n'en possède pas. Son éducateur référent chargé d'entretenir des relations privilégiées avec sa famille et son école doit l'aider dans la réalisation de son album photo.

La théorie voudrait qu'une belle photo récente du jeune vienne orner une page dans la première partie de l'album. Les pages précédentes devraient accueillir des photos prises avant son arrivée chez nous : des photos de lui bébé, de ses parents, des événements importants de sa petite enfance, de sa famille élargie. Le travail est de partir à la recherche des photos en sollicitant la maman, le papa, la famille élargie. C'est l'occasion d'aller à la découverte de l'histoire passée, d'y mettre peut-être un peu d'ordre en disposant les photos sur les pages blanches, de lui donner un peu de sens par des commentaires, des dessins.

La recherche des photos, leur choix, leur disposition dans l'album avec l'aide de l'éducateur référent est aussi l'occasion de mettre des mots sur une histoire, de la raconter, de la faire raconter par d'autres qui y ont participé et ce faisant, pour le jeune, de se l'approprier.

Les pages qui suivent doivent recueillir les photos d'une histoire en train de se vivre, de se construire, de se choisir. Il y a les photos à tirer, à choisir, à demander, à payer parfois. En réalisant son album, le jeune peut donner du sens à sa vie.

Dans la pratique, les choses se passent souvent de façon différente, à l'image d'une histoire trop chaotique, dispersée, subie, avec le plus souvent peu de traces visibles, nommables, choisies. C'est difficile parce que le jeune, mais aussi la famille, même l'éducateur référent, n'en ont pas envie, n'en voient pas le sens, ne comprennent pas qu'en mettant en photos une histoire subie on peut se donner des moyens pour devenir acteur d'une histoire à vivre.

Parfois une photo, quelques photos, permettent de découvrir, de comprendre, d'exprimer beaucoup de choses, en profondeur. Ainsi cette maman à qui on venait de donner une photo ancienne avec ses frères et ses parents disaient : "*Il y a une chose qu'il faudrait enlever de cette photo : mes parents.*" Ils n'ont jamais été vraiment présents dans sa vie, contrairement à ses frères. Et si on regarde les photos qu'elle a données de ses enfants petits, la plupart du temps, ils sont seuls sur la photo. Il n'y a aucune photo d'un papa. Il n'y en a presque aucune de l'enfant avec la maman. C'est elle qui prenait la photo.

Comment seront les photos futures?

6. UNE NOUVELLE MATRICE POUR UNE NOUVELLE CREATION

Le déluge, une punition?

Chapitre 6
Déluge
1. Et c'est quand le glébeux commence à se multiplier
sur les faces de la glèbe, des filles leur sont enfantées.
2. Les fils des Elohîms voient les filles du glébeux: oui, elles sont bien.
Ils se prennent des femmes parmi toutes celles qu'ils ont choisies.
3. IHVH-Adonaï dit: « Mon souffle ne durera pas dans le glébeux en pérennité.
Dans leur égarement, il est chair: ses jours sont de cent vingt ans. »
4. Les Nephilîm sont sur terre en ces jours et même après:
quand les fils des Elohîms viennent vers les filles du glébeux,
elles enfantent pour eux.
Ce sont les héros de la pérennité, les hommes du Nom.

5. IHVH-Adonaï voit que se multiplie le mal du glébeux sur la terre.
Toute formation des pensées de son cœur n'est que mal tout le jour.
6. IHVH-Adonaï regrette d'avoir fait le glébeux sur la terre:
il se peine en son cœur
7. IHVH-Adonaï dit: « J'effacerai le glébeux que j'ai créé des faces de la glèbe,
du glébeux jusqu'à la bête, jusqu'au reptile, et jusqu'au volatile des cieux.
Oui, j'ai regretté de les avoir faits. »
8. Mais Noah trouve grâce aux yeux de IHVH-Adonaï.

A première vue, il semble y avoir dans la traduction proposée ici un problème de grammaire. Par deux fois, le glébeux qui apparaît comme un singulier devient un pluriel. D'abord au verset un : *"Et c'est quand le glébeux commence à se multiplier sur les faces de la glèbe, des filles leur sont enfantées."* Pourquoi écrire "leur" et non pas "lui"? Ensuite au verset 3 : *"« Mon souffle ne durera pas dans le glébeux en pérennité. Dans leur égarement, il est chair : ses jours sont de cent vingt ans. »"* Pourquoi écrire "leur" égarement et non pas "son" égarement?

Le nom d'Elohîms apparaît ici au pluriel alors qu'il est apparu au singulier dans le texte jusqu'à présent. Pourquoi écrire "*les fils des Elohîms*" et non pas "*les fils d'Elohîms*"?

Peut-on interpréter cette confusion grammaticale comme l'indication d'une confusion au niveau des identités?

Au verset 27 du chapitre 1, Elohîms a créé le glébeux mâle et femelle : "*Elohîms crée le glébeux à sa réplique, à la réplique d'Elohîms, il le crée, mâle et femelle, il les crée."* Selon ce verset, Elohîms est un singulier collectif, générique, car le mot Elohîms est un mot au pluriel présenté dans le texte comme un singulier. Il devient dans notre texte un pluriel. Le glébeux est lui aussi, au verset 27, un singulier collectif, c'est-à-dire un pluriel *"mâle et femelle il les crée"*. présenté lui aussi au singulier : le glébeux. Il devient ici à travers le mot "leur" un pluriel.

Si l'on se tient à la ritournelle de la généalogie précédente :*"Il fait enfanter fils et filles"* on peut comprendre qu'il n'y a que des fils et des filles du glébeux. Ici, le texte laisse entendre que les fils seraient *"fils des Elohîms"* et les filles *"filles du glébeux"*. Il y aurait différence d'identité entre les fils et les filles comme il y a différence entre Elohîms et le glébeux.

D'un côté, les filles sont situées dans l'identité du glébeux, de l'autre, les fils dans l'identité des Elohîms.

Les fils du glébeux oublient-ils leur origine pour devenir fils des Elohîms? On peut voir ici une catégorisation hiérarchisée qui enferme chacun dans une identité "générique" et ne permet pas d'accéder à l'identité relationnelle, celle de "ish" et de "isha", à la vie par la reconnaissance mutuelle. Il y a réduction à l'état "d'objet vivant" comme on peut le comprendre dans le verset 2 : *"Ils se prennent des femmes parmi toutes celles qu'ils ont choisies."* Parce qu'il y a confusion des identités, parce que l'on en reste à l'état d'objet vivant, d'être vivant au lieu de sujet vivant, de personne, nul n'accède à la vie, n'est reconnu dans sa singularité en face de l'autre. Chacun reste enfermé dans son identité matérielle, biologique et n'accède pas à l'identité relationnelle. Les filles du glébeux, les femmes sont réduites à l'état d'objets vivants.

IHVH-Adonaï ne peut que constater cela puisqu'il est celui en face de qui se révèle l'accession à l'identité relationnelle. C'est ce qu'il dit au verset 3 : *"Mon souffle ne durera pas dans le glébeux en pérennité. Dans leur égarement, il est chair : ses jours sont de cent vingt ans."* La confusion induite par le serpent se renouvelle dans la confusion des identités, lorsque l'identité matérielle, biologique se prend pour l'identité relationnelle. Voilà l'égarement, en rester au niveau de la chair, en rester au niveau de l'identité matérielle, biologique. Pour le glébeux, le souffle donné au verset 7 du chapitre 2 est une étape. *"IHVH-Adonaï Elohîms forme le glébeux – Adâm, poussière de la glèbe – Adama. Il insuffle en ses narines haleine de vie : et c'est le glébeux, un être vivant.* Il faut encore accéder à l'identité relationnelle, celle de ish et de isha au verset 23. Le souffle n'est qu'une étape sur le chemin pour accéder à l'identité relationnelle. L'égarement est de croire que ce temps de la première identité n'est pas limité, de croire que cette première identité est appelée à la pérennité.

Les Nephilîm sont-ils les fruits de cet égarement, c'est-à-dire les enfants des fils des Elohîms et des filles du glébeux? *"Les Nephilîm sont sur terre en ces jours et même après : quand les fils des Elohîms viennent vers les filles du glébeux elles enfantent pour eux. Ce sont les héros de la pérennité, les hommes du Nom."* Les fils des Elohîms, semblables à Elohîms, transmettent à leurs enfants, de leur union avec les filles du glébeux, la pérennité et le Nom. Les fils des Elohîms transmettent à leurs descendants le privilège d'Elohîms, celui qu'ils pensent être le privilège de IHVH-Adonaï Elohîms et qui a été dérobé par le glébeux et sa femme en mangeant de l'arbre de la connaissance du bien et du mal et auquel ils n'avaient plus accès comme il est dit au verset 22 du chapitre 3 : "*Voici, le glébeux est comme l'un de nous pour connaître le bien et le mal. Maintenant, qu'il ne lance pas sa main, ne prenne aussi de l'arbre de vie, ne mange et vive en pérennité.*" Vivre en pérennité est le privilège dérobé mais inaccessible par l'expulsion du jardin. Ce privilège est maintenant récupéré par les "*héros de la pérennité, les hommes du Nom.*" Cette logique est toute entière dans la logique du serpent. Elle ne peut être qu'un chemin de mort relationnelle.

Pouvons-nous rapprocher ces héros de la pérennité avec les personnages cités dans la généalogie dont le nombre des années est si élevé? La pérennité se jouerait alors sur le nombre des années. Peut-être ces chiffres démesurés sont-ils une indication pour exprimer la tendance vers une exagération de l'identité matérielle et biologique, en chacun, y compris ceux qui sont situés de façon mieux ajustée.

"*Les hommes du Nom*"? Pourquoi écrire Nom avec une majuscule? Nous pouvons penser ici à tout ce qui touche à "Dieu" dans une certaine conception de la religion et à cette habitude que l'on peut avoir de mettre une majuscule à chaque attribut de Dieu. Nous pourrions même comprendre que ce mot "Nom" écrit avec une majuscule indique le nom de Dieu, celui que l'on ne prononce pas dans la religion juive, que l'on ne prononce pas en hébreux et que l'on vocalise par Adonaï. Il me semble que nous ferions fausse route dans l'un et l'autre cas.

Au chapitre 4, verset 26, lorsqu'il est écrit que le nom de IHVH-Adonaï commence à être crié, le mot nom s'écrit avec une minuscule. Il ne s'agit donc pas du nom de IHVH-Adonaï. La majuscule au mot Nom indique la confusion des identités, lorsque l'identité matérielle biologique se prend pour toute l'identité, lorsqu'elle se reçoit comme un don dont on peut disposer et non comme une identité à construire quand on accepte la limite et l'interdit comme règle de la reconnaissance mutuelle.

Le "*Nom*" fonctionne alors comme une idéologie toute puissante, celle induite par la parole du serpent, celle que l'on projette habituellement en Dieu.

Le nom, pas le mot nom, lorsqu'il est crié, s'écrit avec une majuscule parce qu'il indique que l'identité de la personne, l'identité relationnelle ne peut surgir que par le respect de l'interdit. Interdit de mettre la main sur l'autre, de le posséder. Seul le nom de la personne s'écrit avec une majuscule dans la mesure où celle-ci se situe en vis-à-vis de l'autre, de IHVH-Adonaï, tétragramme imprononçable, pour signifier que la personne est toujours au-delà de ce qu'on peut posséder, en dire, en faire, que la personne échappe à toute possession, que l'on ne peut la réduire à un objet.

"*IHVH-Adonaï voit que se multiplie le mal du glébeux sur la terre. Toute formation des pensées de son cœur n'est que mal tout le jour.*" Souvent, dans les traductions, y compris dans celle de Chouraqui, se trouve un espace entre les quatre premiers versets du chapitre 6 et le cinquième verset et on ne voit pas la continuité des versets du chapitre. On peut alors imaginer le mal qui se multiplie à un niveau moral, fruit de la désobéissance "d'Adam et Ève", à l'image du crime de Caïn. On peut établir alors à cet endroit le catalogue de tous les crimes possibles et imaginables.

Si on lit le verset 5 dans la suite des quatre premiers versets, on peut comprendre que le mal qui se multiplie est celui qui vient d'être décrit. Il ne s'agit plus alors d'un mal moral, mais d'un mal bien plus fondamental issu de la confusion des identités dont le mal moral est une conséquence. C'est la perversion du serpent qui s'installe et se multiplie empêchant le glébeux d'accéder à l'identité relationnelle, à la vie "*à la ressemblance*", à la reconnaissance face à l'autre, face à IHVH-Adonaï.

"*IHVH-Adonaï regrette d'avoir fait le glébeux sur la terre : il se peine en son cœur.*" Le cœur de IHVH-Adonaï exprimerait-il ce qui se passe dans la réalité par rapport à ce qui se passe dans le cœur du glébeux, dans la tête du glébeux, lorsque celui-ci se laisse prendre dans la parole pervertie du serpent? "*Toute formation des pensées de son cœur n'est que mal tout le jour*" lorsque le glébeux s'arrête en chemin, au stade seulement d'être vivant, de son identité matérielle, biologique. IHVH-Adonaï ne peut que constater l'échec de son projet. En réalité la vie du glébeux est une mort. S'arrêter à la vie matérielle et biologique est en réalité la mort du glébeux à la vie relationnelle. La décision de IHVH-Adonaï d'effacer le glébeux des faces de la glèbe n'est pas une punition suite à un mal moral; elle est la constatation d'un état de fait, d'une réalité : la non accessibilité à l'identité relationnelle, à la vie "*à la ressemblance*".

"*IHVH-Adonaï dit: "J'effacerai le glébeux que j'ai créé des faces de la glèbe, du glébeux jusqu'à la bête, jusqu'au reptile, et jusqu'au volatile des cieux. Oui, j'ai regretté de les avoir fait.*"
Pourquoi cette constatation doit-elle entraîner la mort de tout être vivant ? "*Jusqu'à la bête, jusqu'au reptile, et jusqu'au volatile des cieux. Oui, j'ai regretté de les avoir faits.*" Peut-être parce que le non respect de l'interdit, c'est-à-dire la non accessibilité à la vie relationnelle, entraîne aussi la disparition de la vie de l'être vivant. Il y a comme une solidarité à l'intérieur de chacun entre les différentes identités. La mort de l'identité relationnelle entraîne la mort de l'identité matérielle et biologique. Cette solidarité existe aussi à un niveau plus large. La mort de l'identité relationnelle entraîne la mort de la vie biologique et matérielle, au delà d'un être particulier.

"*Mais Noah trouve grâce aux yeux de IHVH-Adonaï.*" Pourquoi seul Noah trouve-t-il grâce? Pourquoi ne sera-t-il pas effacé? Serait-ce parce qu'il est advenu à cette identité relationnelle, à la vie "*à la ressemblance*". Qu'est-ce qui dans le texte indique une telle différence par rapport à tous les autres glébeux cités?

Jusqu'à présent il est dit peu de chose de lui. Aux versets 28 et 29 du chapitre 5 il est dit : "*Lèmèkh fait enfanter un fils. Il crie son nom, Noah, pour dire : "Celui-ci nous réconfortera de notre fait et de la peine de nos mains par la glèbe que IHVH-Adonaï a honnie.*" Dans la généalogie, Noah a quelque chose de particulier que l'on ne retrouve que par rapport à Enosh, le fils de Shét : le père fait enfanter un fils et crie son nom. Quand le père d'Enosh crie le nom de son fils, le nom de IHVH-

Adonaï commence à être crié. Même si cela n'est pas indiqué dans le texte, on peut en déduire que le nom de IHVH-Adonaï est crié quand le père de Noah crie le nom de son fils. Crier le nom de IHVH-Adonaï est comme la reconnaissance de l'accession à la vie relationnelle.

Pour les autres, on ne parle pas de fils et le père ne crie pas le nom, simplement le nom est dit par le narrateur. Tous restent dans une espèce d'identité générique mais ne passent pas vraiment à une identité relationnelle. Il en est de même pour la ritournelle "*il fait enfanter fils et filles.*"

Bien que le nombre élevé des années de Noah, cinq cents ans quand il fait enfanter, semble l'associer aux autres personnages de la généalogie et aux héros de la pérennité le fait d'être reconnu comme fils dont le nom est crié par le père met Noah à part, dans la vie relationnelle.

Le père reconnaît à Noah un rôle personnel dans une histoire collective : "*Celui-ci nous réconfortera de notre fait et de la peine de nos mains par la glèbe que IHVH-Adonaï a honnie.*" Noah est sorti d'une vision générique. Il n'est pas situé trop haut comme fils des Elohîms, ni trop bas comme les filles du glébeux, ni à côté, comme héros de la pérennité.

Parce qu'il est situé personnellement par son père dans une histoire, il peut exister face à IHVH-Adonaï, celui qui permet de se reconnaître par le regard de l'autre, celui qui permet de ne pas rester seul dans une identité générique. "*Il n'est pas bien pour le glébeux d'être seul*" disait IHVH-Adonaï Elohîms au verset 18 du chapitre 2. Noah trouve grâce parce qu'il a en lui la possibilité de devenir quelqu'un, d'exister réellement. A ce titre, il ne peut être effacé des faces de la glèbe comme il est dit au verset 7 avec tous les êtres vivants qui n'ont pas accédé à l'identité relationnelle : "*J'effacerai le glébeux que j'ai créé des faces de la glèbe, du glébeux jusqu'à la bête, jusqu'au reptile, et jusqu'au volatile des ciels.*"

> Dans ce texte apparaît comme un jugement, une constatation sans appel. Qu'est-ce qui fait que toute la société est condamnée et tous les êtres vivants à sa suite et que seule une personne, Noah, se trouve à l'abri de la condamnation? Qu'a-t-il fait pour être à l'abri, pour échapper, pour pouvoir advenir à la vie relationnelle? Rien de particulier. Simplement être situé dans une dynamique différente.
>
> Nous pouvons voir dans notre société aujourd'hui une situation un peu semblable. L'économie et la loi des marchés et de la finance sont devenues toute puissantes. Le profit en est devenu le moteur, la croissance matérielle est le cap indispensable à maintenir, l'augmentation de la consommation des biens est le garant du mieux-être et du mieux-vivre. Les droits de l'homme sont mis en position seconde et subordonnés par rapport à cette toute puissance.
>
> Les différentes crises qui se multiplient et s'approfondissent indiquent l'impasse, la ruine, l'échec, la mort où nous conduit cette toute puissance de l'identité, de la vie matérielle. Le dérèglement climatique, résultat d'un excès

de consommation d'énergies fossiles nécessaires à la croissance des richesses, laisse présager des catastrophes multipliées voire généralisées.

Noah peut être le prototype de ceux qui prennent conscience de cet état de chose et optent résolument pour une autre dynamique, pour mettre la priorité dans les relations de vie avec les autres, avec tout autre. Mais il y a comme un choix fondamental différent, antagoniste, voire exclusif. Il ne faut plus voir l'autre comme quelqu'un à mettre à son service en s'en servant comme d'un objet, comme d'une machine à produire. Il ne faut plus voir la terre comme une chose à exploiter, à asservir, à consommer sans limite. Elle serait alors honnie. Il faut accepter voire décider de mettre la limite en toute chose, de renoncer à la toute puissance, de laisser une place à l'autre pour qu'il puisse exister, de respecter la terre pour qu'elle puisse continuer à produire la vie.

Trouver grâce aux yeux de IHVH-Adonaï, découvrir que la terre ainsi exploitée courre à sa perte et à celle de ses habitants est une prise de conscience et à ce titre une grâce. Cette prise de conscience doit ouvrir sur une prise de responsabilité et un travail qui permettront d'échapper au déluge, à la destruction pour s'ouvrir à la vie relationnelle.

Cette prise de conscience a bien du mal à se faire conviction puis décision. Quand l'on voit ce que deviennent les conférences successives sur le climat, quand on voit la part des informations réservées à l'économie, à la croissance ou au peu de croissance, aux perspectives d'austérité, à la stagnation de la consommation, Noah semble bien seul face à une société qui se détruit en pensant se sauver grâce à une croissance à relancer, à accentuer, à conduire à deux chiffres.

Le projet pédagogique de la maison comporte près de vingt pages mais il existe une version résumée de trois pages et une autre concentrée de deux mots : "sécurité et aventure". Le mot "sécurité" vient en premier. Il est le plus important voire indispensable pour que puisse se réaliser le second, "aventure". L'aventure est la réalisation, la construction de son propre projet de vie.

La sécurité est construite et offerte essentiellement par le cadre. Pour être sécurisant, celui-ci doit être cohérent, fiable, connu et compréhensible. C'est comme une espèce de matrice dans laquelle peut se développer la vie.

Le cadre, c'est d'abord des visages connus, familiers avec qui partager la vie, en qui l'on peut avoir confiance. C'est aussi un projet qui s'exprime dans une façon de vivre, des habitudes, des comportements. Puis il y a des règles qui fixent des limites, qui expriment des droits et des devoirs avec en corollaire les sanctions lorsque les règles sont transgressées. Tout cela doit garantir à chacun un espace de vie où il se sent respecté, où il peut exister.

Le cadre est d'autant plus important que les enfants et les jeunes ont vu leur propre cadre voler en éclat au moment du placement mais surtout parce que le cadre dans lequel ils ont grandi était souvent incohérent, éclaté, confus, voire perverti et donc conduisait le plus souvent à la mort de la personne ou plutôt à sa non accessibilité. Ce cadre ne permettait pas l'aventure au sens de la construction d'un projet de vie, tout au plus la survie. Voilà pourquoi le jeune a été retiré de son milieu familial.

Le plus souvent, le nouveau cadre offert entre en concurrence avec l'ancien cadre qui reste dans la tête de beaucoup, des parents, des enfants, voire des mandants ou des éducateurs, le cadre dans lequel le jeune pourra retourner vivre moyennant une amélioration. Le jeune ne retourne pas en famille pendant les trois premiers week-ends qui suivent son arrivée pour qu'il ait le temps de découvrir, de se familiariser, d'intégrer son nouveau cadre de vie.

Il n'est pas facile de faire comprendre que le cadre institutionnel est le lieu essentiel et premier du travail d'éducation, chemin indispensable pour sortir de l'indifférenciation, du statut d'objet voire d'individu, pour advenir comme personne, comme sujet.

Un chemin de re-création

9. Voici les enfantements de Noah,
Noah est un homme juste, intègre, en ses cycles:
Noah va avec l'Elohîms.
10. Noah fait enfanter trois fils, Shém, Hâm et Ièphèt.
11. Mais la terre se détruit en face de l'Elohîms,
la terre se remplit de violence.
12. Elohîms voit la terre et voici, elle est détruite.
Oui, toute chair avait détruit sa route sur la terre.
13. Elohîms dit à Noah: « Le terme de toute chair est venu en face de moi:
oui, la terre est pleine de violence face à eux.
Me voici, je les détruis avec la terre.
14. Fais-toi une caisse en bois de cyprès. Tu feras la caisse de cellules.
Asphalte-la à l'intérieur et à l'extérieur avec de l'asphalte.
15. Et telle, tu la feras, longueur de la caisse, trois cents coudées;
sa largeur, cinquante coudées; sa taille, trente coudées.
16. Tu feras une lucarne à la caisse et l'achèveras, d'une coudée, en haut.
Tu mettras l'ouverture de la caisse sur le côté.
Tu feras des soupentes, des secondes, des troisièmes.
17. Et moi, me voici, je fais venir le déluge, les eaux sur la terre,
pour détruire toute chair ayant souffle de vie sous les cieux.
Tout ce qui est sur terre agonisera.
18. Je lève mon pacte avec toi, tu viendras vers la caisse,
toi, tes enfants, ta femme, les femmes de tes fils avec toi.
19. Tu feras venir dans la caisse de tout vivant, de toute chair,
deux de chaque pour vivifier avec toi: ils seront mâle et femelle,

20. le volatile pour son espèce, la bête pour son espèce et tout reptile de la glèbe pour son espèce. Deux de chaque viendront vers toi pour vivifier.
21. Et toi, prends pour toi de tout manger qui sera mangé; ajoute-le à toi; pour toi et pour eux, il sera à manger. »
22. Noah fait tout ce que lui a ordonné Elohîms. Il fait ainsi.

Le verset 9 apparaît comme un nouveau début de l'histoire de Noah : "*Voici les enfantements de Noah*". L'expression fait penser à celle du verset 4 du chapitre 2 quand est raconté une deuxième fois la création des ciels et terre : "*Voilà les enfantements des ciels et de la terre en leur création au jour de faire IHVH-Adonaï Elohîms terre et ciels.*" Dans ce second récit, IHVH-Adonaï Elohîms prenait le relais de Elohîms du chapitre 1. Ici, c'est un peu l'inverse. Elohîms devient l'acteur principal en place de IHVH-Adonaï du verset 8 : "*Noah trouve grâce aux yeux de IHVH-Adonaï*". C'est avec Elohîms que se poursuit l'histoire à partir des enfantements de Noah. Le texte semble nous inviter à faire un retour en arrière, à reprendre la création à son début, comme si le chemin de Noah invitait à repartir de zéro avec Elohîms comme au chapitre 1, à faire une remontée dans le temps pour repartir à l'origine. Pouvons-nous voir l'histoire de Noah comme une nouvelle histoire de l'origine ou encore comme une nouvelle naissance, un nouvel enfantement?

"*Noah est un homme juste, intègre, en ses cycles: Noah va avec l'Elohîms.*" Il ne faut pas comprendre les mots juste et intègre à un niveau moral mais à un niveau relationnel, c'est-à-dire comprendre que Noah est bien ajusté par rapport à ses différentes identités, donc bien ajusté à l'autre, aux autres, à la terre. Que veut dire "*Noah va avec l'Elohîms*"? Nous avons vu la même expression dans la généalogie par deux fois à propos de Hanokh, aux versets 22 et 24 du chapitre 5. Une particularité est dite à propos de Hanokh : il n'est pas signalé qu'il meurt mais simplement qu'*il n'est plus* comme si l'expression "*il va avec l'Elohîms*" voulait dire qu'il était préservé de la mort ou encore qu'aller avec l'Elohîms était un chemin de vie. Le chemin de Noah va donc être un chemin de création qui débouchera sur la vie. Celle-ci se manifeste d'abord par le fait que "*Noah fait enfanter trois fils, Shém, Hâm et Ièphèt.*" Trois fils comme les trois fils du glébeux et de Hava : Caïn, Èbèl et Séth. Comme les trois fils de Lèmèkh : Iabal, Ioubal et Toubal Caïn. L'histoire des fils de Noah sera-t-elle moins dramatique que l'histoire des premiers? Les noms des fils sont cités : *Shém, Hâm et Ièphèt*, mais ne sont pas criés par le père. Pourquoi cette omission?

"*Mais la terre se détruit en face de l'Elohîms, la terre se remplit de violence. Elohîms voit la terre et voici, elle est détruite. Oui, toute chair avait détruit sa route sur la terre.*" Parce que la construction de l'identité s'est arrêtée et fourvoyée lorsque l'interdit qui conduit à toute l'identité n'a pas été respecté, tout le chemin s'en trouve détruit. Parce que le chemin de reconnaissance face à IHVH-Adonaï s'est arrêté, tout le chemin de la vie face à Elohîms devient un chemin de mort. Il y a comme une solidarité indéfectible entre les différentes identités, entre IHVH-Adonaï et Elohîms. L'identité matérielle et biologique de l'être vivant se trouve anéantie quand l'identité relationnelle n'est pas atteinte à cause de la perversion et de la confusion : "*Oui, toute chair avait détruit sa route sur la terre.*"

Au verset 13, "*Elohîms dit à Noah : "Le terme de toute chair est venu en face de moi : oui la terre est pleine de violence face à eux. Me voici, je les détruis avec la terre.*" Parce que la chair n'a pas atteint son accomplissement dans le glébeux, Elohîms ne peut que constater la fin de toute chair et la destruction de la terre qui ne peut porter du fruit jusqu'au bout. Voilà la violence qui emplit la terre. Celle-ci est le résultat de la confusion des identités et des règles pour y accéder suite à la perversion de la parole. Il n'y a qu'une seule conclusion : la fin de toute vie. La constatation est terrible.

La fin de toute chair, la fin de la terre va s'accomplir par les eaux du déluge, par un retour au chaos primitif qui existait quand les eaux et la terre n'étaient pas encore séparées comme elles le furent au deuxième et au troisième jour de la création. Nous allons assister à un retour en arrière, à une sorte de dé-création.

"*Fais-toi une caisse en bois de cyprès.*" La parole d'Elohîms à Noah continue dans une phrase positive. En contraste avec la destruction de la terre et de toute vie, il y a encore quelque chose à construire, de façon méticuleuse, selon un plan bien précis donné par Elohîms. En même temps que Elohîms projette la destruction massive par le déluge, il élabore un plan très élaboré pour préserver la vie. Les instructions pour la construction de la caisse donnent les mesures exactes. Comment ne pas voir ici aussi un parallèle avec le premier récit de la création quand Elohîms met tout en place de façon précise pour qu'apparaisse la vie. Il sépare "*les eaux sous le plafond des eaux sur le plafond*", puis il aligne "*les eaux sous les cieux vers un lieu unique et le sec sera vu*". Ensuite "*Elohîms fait deux grands lustres, le grand lustre pour le gouvernement du jour, le petit lustre pour le gouvernement de la nuit et les étoiles.*" Là, Elohîms mettait tout en place pour qu'apparaisse la vie. Ici Elohîms fait mettre tout en place par Noah pour que soit protégée la vie, pas seulement celle de Noah mais aussi celle de sa famille et de tout être vivant. "*Je lève mon pacte avec toi, tu viendras vers la caisse, toi, tes enfants, ta femme, les femmes de tes fils avec toi. Tu feras venir dans la caisse de tout vivant, de toute chair, deux de chaque pour vivifier avec toi: ils seront mâle et femelle.*

La caisse ne servira pas seulement à Noah, à ses enfants, à sa femme et aux femmes de ses fils mais encore à tout vivant, à toute chair. L'objectif n'est pas seulement d'échapper à la mort mais aussi de vivre, de vivifier. Comme il y a solidarité de toute vie dans la mort et dans la destruction, il y a solidarité de toute vie pour vivifier.

"*Et toi, prends pour toi de tout manger qui sera mangé; ajoute-le à toi; pour toi et pour eux, il sera à manger.*" La nourriture nécessaire pour chacun fait penser à la nourriture donnée à chaque être vivant au chapitre 1 : "*Voici, je vous ai donné toute l'herbe semant semence, sur les faces de toute la terre, et tout l'arbre avec en lui fruit d'arbre, semant semence: pour vous il sera à manger"*. La nouvelle création sera le fruit de la parole d'Elohîms et du travail de Noah. C'est à Noah de construire la caisse, d'y mettre de tout vivant, de toute chair, et de prévoir de tout manger pour que chacun vivifie. La caisse devient la nouvelle matrice de vie. Celle-ci permettra-t-elle de redéfinir les relations entre Elohîms, le glébeux et les autres êtres vivants?

Voilà le pacte que lève Elohîms avec Noah : un pacte de vie, un pacte pour vivifier, un pacte de re-création dans une relation nouvelle entre les différents partenaires? *Je lève mon pacte avec toi, tu viendras vers la caisse, toi, tes enfants, ta femme, les femmes de tes fils avec toi. Tu feras venir dans la caisse de tout vivant, de toute chair."*

Le passage par les eaux du déluge semble avoir deux dimensions. Une dimension de destruction, de décréation de tout ce qui est chemin de mort, d'oppression, de perversion, d'illusion, de toute puissance. Une seconde dimension qui est chemin de vie, de renaissance, de nouvelle naissance, de réajustement.

Cette dynamique de passage par les eaux du déluge, à la fois de mort et de nouvelle naissance, de nouvelle vie, se retrouvera lors du passage de la mer Rouge par le peuple hébreux. Là mourra l'oppression symbolisée par Pharaon et son armée pour que naisse la libération d'un peuple. Elle se retrouvera aussi dans le baptême de Jean Baptiste que vivra Jésus lui-même pour que meure en lui et en chacun l'image d'un Dieu tout-puissant et que naisse un Dieu trinité, à la fois Père, Fils et Esprit, relation de vie entre trois personnes.

> Le cadre institutionnel vise surtout à donner à chacun, principalement au jeune, des points de repère solides et stables qui l'aide à mieux se situer. Cela se fait à la fois par un travail de destruction d'un ancien cadre, d'anciennes habitudes, d'anciennes relations… et la construction d'un nouveau cadre.
>
> Celui-ci comporte des choses matérielles bien précises avec des règles bien définies. Ce sont les multiples détails de l'environnement et de la vie quotidienne : un lit à faire, une chambre à entretenir, des habits à choisir, à préserver, à changer, des repas à respecter, des aliments à équilibrer, un horaire auquel se tenir… une hygiène à construire, un corps à développer et à soigner. Le travail de l'éducateur comme l'apprentissage du jeune se fait d'abord dans tous les petits détails de la vie quotidienne.
>
> Ce travail ne se fait pas dans la solitude, il se fait dans l'accompagnement. Le travail de l'éducateur est aussi important et peut-être aussi difficile que celui du jeune. Comment en effet faire intégrer un comportement si celui-ci reste extérieur à l'éducateur, si les valeurs qui habitent ce comportement ne sont pas intégrées.
>
> La valeur fondamentale n'est pas celle qui habite le comportement mais celle qui vise à faire advenir des personnes. Le cadre n'existe pas en soi mais au service de l'éducation, de l'avènement des personnes. Le travail est aussi témoignage, il implique de s'y engager en tant que personne, de respecter la distance nécessaire

pour permettre à chacun d'exister et d'advenir, de sans cesse réajuster et se réajuster.

A partir des choses concrètes de la vie matérielle et de l'accompagnement des personnes, il importe aussi de donner du recul, d'ouvrir des perspectives, de projeter un avenir. L'ouverture à un univers symbolique fait partie intégrante du cadre. Elle doit permettre de s'exprimer à partir des sens, de découvrir et d'analyser le sens, la signification des choses, des comportements, de l'histoire, de son histoire. Elle doit aussi permettre de construire du sens, jusqu'au sens de sa vie. Cette ouverture se construit en priorité à partir des valeurs de références exprimées entre autre dans le décret d'Aide à la Jeunesse, dans la pédagogie et la spiritualité de l'évangile et de Don Bosco. Elle se réalise à travers les multiples lieux de prise de parole.

Le sens symbolique des chiffres

Chapitre 7
J'efface toute vie
1.   IHVH-Adonaï dit à Noah: « Viens, toi et toute ta maison, vers la caisse.
Oui, je t'ai vu, toi, un juste face à moi, en ce cycle.
2.   Tu prendras pour toi de toute bête pure, sept par sept,
un homme et sa femme et de toute bête non pure, deux, un homme et sa femme.
3.   Des volatiles des ciels aussi, sept par sept, mâle et femelle
pour vivifier une semence sur les faces de toute la terre.
4.   Oui, dans sept jours encore, et moi-même
je fais pleuvoir sur la terre quarante jours et quarante nuits.
J'efface toute existence que j'ai faite sur les faces de la glèbe. »
5.   Noah fait tout ce que lui a ordonné IHVH-Adonaï.
6.   Noah a six cents ans et c'était le déluge, des eaux sur la terre.
7.   Noah vient vers la caisse,
ses fils, sa femme et les femmes de ses fils avec lui,
face aux eaux du déluge.
8.   De la bête pure, de la bête qui n'est pas pure,
du volatile et tout ce qui rampe sur la glèbe,
9.   deux par deux, ils viennent vers Noah, vers la caisse,
mâle et femelle, comme Elohîms l'a ordonné à Noah.
10.   Et c'est sept jours, les eaux du déluge sont sur la terre.
11.   Dans l'année des six cents ans de la vie de Noah,
à la deuxième lunaison,
au dix-septième jour de la lunaison, en ce même jour,
toutes les sources de l'abîme multiple se sont fendues.
Les vannes des ciels se sont ouvertes,
12.   et c'est la pluie sur la terre, quarante jours et quarante nuits.
13.   Dans l'os de ce jour, Noah vient,

avec Shém, Hâm et Ièphèt, les fils de Noah
et la femme de Noah, les trois femmes de ses fils avec eux, vers la caisse.
14.   Eux et tout vivant pour son espèce, toute bête pour son espèce,
tout reptile, rampant sur terre, pour son espèce,
tout volatile pour son espèce, tout oiseau, toute aile,
15.   ils viennent vers Noah, vers la caisse,
deux par deux, de toute chair ayant souffle de vie.
16.   Et les venants, mâle et femelle de toute chair venaient
comme Elohîms le lui avait ordonné. IHVH-Adonaï ferme la caisse sur lui.
17.   Et c'est le déluge, quarante jours sur la terre.
Les eaux se multiplient et portent la caisse;
elle se soulève au-dessus de la terre.
18.   Les eaux forcissent, elles se multiplient beaucoup sur la terre.
Et la caisse va sur les faces des eaux.
19.   Et les eaux avaient beaucoup, beaucoup forci sur la terre.
Elles recouvrent toutes les hautes montagnes, sous tous les ciels.
20.   Les eaux forcissent de quinze coudées par en haut.
Elles recouvrent les montagnes.
21.   Toute chair rampant sur la terre agonise, volatile, bête, vivant,
toute foison foisonnant sur la terre et tout glébeux,
22.   tout ce qui a haleine, souffle de vie en ses narines,
tout ce qui était sur l'assèchement, tous mouraient.
23.   Il efface toute existence sur les faces de la glèbe,
du glébeux jusqu'à la bête,
jusqu'au reptile, jusqu'au volatile des ciels:
ils sont effacés de la terre.
Reste seulement Noah et ce qui est avec lui dans la caisse.
24.   Les eaux forcissent sur la terre cent cinquante jours.

Dans ce chapitre 7, IHVH-Adonaï redevient l'acteur principal, mais en lien avec Elohîms, acteur principal du chapitre précédent comme cela est signalé à deux reprises aux versets 9 et 16 : "*Comme Elohîms l'a ordonné*". Nous semblons invités à reprendre le chemin dans le bon sens, à l'image du chapitre 2 de la création où IHVH-Adonaï Elohîms prend le relais de Elohîms du chapitre 1. Nous ne retournons plus en arrière dans un chemin de décréation mais nous repartons vers l'avant dans un chemin de recréation, un chemin de recréation à la ressemblance de IHVH-Adonaï, dans la vie relationnelle.

Une chose saute aux yeux dans ce chapitre ce sont les nombreux chiffres employés : les bêtes pures, sept par sept, dans sept jours, quarante jours et quarante nuits, l'année des six cents ans de la vie de Noah, à la deuxième lunaison, le dix septième jour de la lunaison, quinze coudées par en haut, les eaux forcissent sur la terre cent cinquante jours.

Parmi ces chiffres, un chiffre se dégage, le chiffre sept. Parmi les différents emplois du chiffre sept, il y a d'abord les bêtes pures, à prendre sept par sept, un homme et sa femme. Puis il y a les sept jours avant que IHVH-Adonaï fasse pleuvoir. Il y a ensuite l'âge de Noah. Celui-ci entre dans sa septième centaine d'années lorsque commence le déluge. Les eaux commencent à tomber à la deuxième lunaison au dix septième jour de la lunaison, c'est-à-dire dans la septième semaine

Ce chiffre fait penser au septième jour de la création au début du chapitre 2 quand "*Elohîms bénit le jour septième, il le consacre : oui, en lui il chôme de tout son ouvrage qu'Elohîms crée pour faire.*" C'est ensuite le récit "*des enfantements des ciels et de la terre en leur création*" par IHVH-Adonaï Elohîms. Comme si le chômage de Elohîms permettait l'action de IHVH-Adonaï Elohîms. Le septième jour est le jour, le moment ou plutôt le processus qui permet d'accéder à la vie par la reconnaissance possible quand il y a respect de la limite, de l'interdit qui fait sortir de la toute jouissance, de la toute puissance. C'est ce que raconte la suite du chapitre 2.

Le septième jour est le jour qui permet l'avènement de la vie relationnelle. Ici ce chiffre indique aussi le jour de la mort par les eaux du déluge. Comme si la vie relationnelle devait se construire sur la mort de la vie matérielle et biologique ou plutôt sur la mort de la toute jouissance et de la toute puissance de la vie matérielle et biologique, sur la mort de la confusion entre les identités.

Ce chapitre 7 intitulé "*J'efface toute vie*" est aussi le chapitre qui indique la vie à travers l'emploi du chiffre 7.

"*Tu prendras pour toi de toute bête pure, sept par sept, un homme et sa femme.*" "*Un homme et sa femme*" fait penser à Ish et Isha du chapitre 2. Sept, c'est aussi le nombre de personnes qui accompagnent Noah dans la caisse : sa femme, ses trois fils et leurs femmes. Les bêtes pures pourraient symboliser les personnes qui accompagnent Noah dans la caisse. Celles-ci seraient-elles invitées à faire le même chemin que le glébeux au chapitre deux quand il devient Ish et Isha? Devraient-elles symboliquement construire de même leur identité relationnelle par la reconnaissance. Le temps du déluge, le temps passé dans la caisse serait aussi le temps de revoir les relations entre les personnes. C'est IHVH-Adonaï qui dit à Noah de prendre de toute bête pure parce que c'est lui en face de qui se révèle l'identité relationnelle. Elohîms avait dit de toute bête, deux par deux. Il visait ici la vie biologique. IHVH-Adonaï parle de toute bête pure, sept par sept, un homme et sa femme. Il vise ici la vie relationnelle? Celle du septième jour. Voilà le travail dans la caisse : celui de se mettre dans la dynamique du septième jour.

"*Dans l'année des six cents ans de la vie de Noah*". Pourquoi justement le déluge commence-t-il lorsque Noah entre dans la septième centaine d'année de sa vie? Peut-être parce que Noah doit aussi faire un travail par rapport à lui-même. Le temps du déluge est aussi le temps pour réajuster les relations par rapport à lui-même, pour construire son identité relationnelle.

La septième semaine de la lunaison et les sept jours avant le déluge mettent l'accent de façon insistante sur l'importance de ce temps, de ce processus. C'est ce moment qui est béni. C'est ce moment qui est un bien pour la vie. Le temps du déluge est le temps qui insiste sur la création lors du septième jour, la vie par le respect de l'interdit.

Il y a encore d'autres chiffres dans ce récit. Ont-ils un sens symbolique?

D'abord le chiffre quarante. C'est la première fois qu'il apparaît dans la bible. Nous le retrouvons de façon importante à d'autres endroits dans la bible. D'abord le nombre d'années passées par le peuple hébreux dans le désert, depuis la sortie de la terre d'esclavage en Misraïm, en Égypte, jusqu'à l'entrée dans la terre de Kena'an, la terre promise. On peut voir aussi les quarante jours de marche d'Élie dans le désert avant d'atteindre la montagne de l'Horeb où Elohîms se révélera à lui dans une brise légère. Il y a encore les quarante jours passés par Jésus dans le désert au bout desquels il va être tenté par le diable. Et aussi les quarante jours après la résurrection de Jésus avant son ascension dans le ciel.

Quarante : chiffre symbolique pour signifier le temps de l'épreuve, le temps pour que meurt, pour que disparaisse le processus qui conduit à la mort et que naisse celui qui conduit à la vie. La mort à l'esclavage pour que naisse l'homme libre et le peuple libre pour les hébreux dans le désert. La mort de l'image d'un Elohîms de puissance et de violence pour que naisse celle d'un Elohîms de douceur et de paix pour Élie La mort de l'image d'un "fils de Dieu" de magie, de pouvoir et de paraître pour que naisse celle de "serviteur" pour Jésus dans le désert. La fin pour les disciples de l'expérience d'un Jésus ressuscité leur apparaissant pour expérimenter la présence d'un ressuscité absent.

Cent cinquante. Que voir derrière ce chiffre? Pendant cent cinquante jours, les eaux forcissent. C'est comme un temps de maturation pour enregistrer la fin d'un processus qui produit le mal. Risquons une interprétation à partir d'autres passages de la bible. Cent cinquante égale trois fois cinquante.

Trois, le nombre de jours passés par Jonas dans le ventre du poisson, les jours passés par Jésus dans le tombeau. Pouvons nous y voir le temps symbolique qui permet de passer à travers la mort afin de renaître à une autre vie? Par peur de la réaction des gens de Ninive à qui il devait annoncer une mauvaise nouvelle, Jonas s'enfuyait loin de Ninive. Suite au passage par le ventre du poisson, il accepte de remplir la mission qui lui a été confiée et part affronter le danger de sa mission qui deviendra source de vie pour Ninive. Par fidélité à l'annonce de la bonne nouvelle aux pauvres, Jésus accepte de défier ceux qui font obstacle à cette bonne nouvelle jusqu'à être condamné à mort par ceux-ci. Le passage par le tombeau lui permet de sortir vainqueur de cette confrontation et de rendre vivante cette bonne nouvelle par delà tous les obstacles.

Cinquante: le nombre de jours entre la résurrection et la pentecôte : le temps pour les disciples de passer d'une réalité à une autre, celle de la présence du ressuscité à leur côté à celle de la présence de l'Esprit Saint en eux en passant par le temps de l'absence entre l'ascension et la pentecôte.

Le chiffre cent cinquante pourrait alors symboliser le processus du passage par la mort pour passer d'une vie à une autre, d'une présence à une autre.

Nous sommes passés ici à des chiffres qui de façon massive et répétitive ne veulent plus indiquer la quantité, la longueur du temps, mais la qualité du temps, c'est-à-dire la qualité des processus de vie et de mort. Ces chiffres nous font entrer dans la vie relationnelle, dans la vie qualitative, dans la vie à la ressemblance. Ce chapitre, à travers l'emploi symbolique des chiffres nous invite à trouver de nouveaux réflexes, un autre paradigme, une logique différente, nouvelle, de voir le monde et les autres. Il devient même un autre langage, celui de la vraie vie, celui de la vraie mort.

> Pendant plusieurs années, nous avons travaillé avec d'autres institutions dans une "démarche de qualité". Nous avions exprimé au début notre question fondamentale : "Comment à partir de comportements, de pratiques et de valeurs personnelles différents, accepter, intégrer et vivre un comportement et des valeurs institutionnelles?" Cela est vrai pour les jeunes mais peut-être plus encore pour les membres de l'équipe éducative. Cela nous semblait indispensable pour un travail et une présence de qualité auprès des jeunes.
>
> Face aux difficultés des situations de vie qui apparaissent toujours plus grandes et plus nombreuses, la tendance est de réclamer plus de moyens, tant en terme financier qu'en terme humain. Le désir d'un plus grand "confort" au travail accentue encore cette tendance. Nous risquons alors d'être bloqués dans le quantitatif au détriment d'une qualité de vie et de relations qui est pour nous l'objectif premier.
>
> Le travail effectué dans le cadre du "projet qualité" nous est apparu comme un travail sur l'organisation, sur le management. Nous avons construit des fiches à remplir, avec des critères, des objectifs, une évaluation. Nous nous sommes davantage organisés dans tous les domaines importants de la vie de la maison : le nettoyage, l'hygiène alimentaire, l'organisation des week-end, le fonctionnement de l'étude, le suivi des rapports, la sécurité. Nous avons perçu le danger de nous réfugier dans l'administratif, d'investir davantage le bureau et l'écriture au détriment peut-être de la présence au milieu des jeunes. Nous avons aussi perçu la nécessité de travailler sur nous mêmes, nos valeurs, nos représentations, nos liens avec le réel, avec la vie.
>
> Nos différences, nos divergences, nos oppositions d'adultes se vérifient, s'expriment et parfois s'exacerbent dans les multiples petits gestes de la vie quotidienne. Comment être soi-même, comment être vrai, comment vivre nos différences tout en offrant aux jeunes un cadre cohérent et fiable? La démarche la plus importante est peut-être celle d'un "réajustement" continuel y compris et peut-être surtout en profondeur.

Un nouveau départ

Chapitre 8
Le corbeau et la palombe
1.   Elohîms se souvient de Noah, de tout vivant,
de toute bête avec lui dans la caisse.
Elohîms fait passer un souffle sur la terre, les eaux se modèrent,
2.   les sources de l'abîme, les vannes des ciels sont barrées,
la pluie des ciels est écrouée.
3.   Les eaux retournent de la terre, en aller et retour.
Au terme des cent cinquante jours, les eaux manquent.
4.   À la septième lunaison, au dix-septième jour de la lunaison,
la caisse se pose sur les monts Ararat.
5.   Les eaux en étaient à aller et à manquer jusqu'à la dixième lunaison.
À la dixième, le premier de la lunaison,
les têtes des montagnes étaient visibles.
6.   Et c'est au terme de quarante jours
Noah ouvre la fenêtre de la caisse qu'il avait faite.
7.   Il envoie le corbeau: il sort, sort et retourne
avant l'assèchement des eaux sur la terre.
8.   Il envoie la palombe d'auprès de lui,
pour voir si les eaux se sont allégées sur les faces de la glèbe.
9.   La palombe n'a pas trouvé de repos pour la plante de sa patte.
Elle retourne vers lui, vers la caisse:
oui, les eaux sont sur les faces de toute la terre.
Il envoie sa main, la prend et la fait venir vers lui, vers la caisse.
10.   Il languit encore sept autres jours.
Il ajoute et envoie la palombe hors de la caisse.
11.   Et la palombe vient vers lui, au temps du soir,
et voici une feuille fraîche d'olivier dans son bec.
Noah sait que les eaux se sont allégées sur la terre.
12.   Il languit encore sept autres jours
Il envoie la palombe mais elle n'ajoute plus à retourner vers lui.
13.   Et c'est l'an six cent un, le premier, le un de la lunaison,
les eaux étaient asséchées sur la terre,
Noah écarte le couvercle de la caisse. Il voit et voici:
elles étaient asséchées, les faces de la glèbe.
14.   La deuxième lunaison, le vingt-sept de la lunaison,
la terre était sèche.
15.   Elohîms parle à Noah pour dire:
16.   « Sors de la caisse, toi, ta femme, tes fils,
les femmes de tes fils avec toi,

17. tout vivant qui est avec toi, toute chair, volatile, bête,
tout reptile rampant sur la terre, fais-les sortir avec toi.
Qu'ils foisonnent sur la terre, qu'ils fructifient,
et se multiplient sur la terre. »
18. Noah sort, ses fils, sa femme et les femmes de ses fils avec lui,
19. tout vivant, tout reptile, tout volatile,
tout ce qui rampe sur la terre,
pour leurs clans, ils sont sortis de la caisse.

"*Elohîms se souvient de Noah, de tout vivant, de toute bête avec lui dans la caisse.*"
La phrase est étrange, comme si Elohîms s'était absenté ou encore était tellement préoccupé par le temps de la destruction qu'il en a oublié Noah, qu'il en a oublié la vie. Il aurait laissé travailler IHVH-Adonaï et Noah, entraîné par une autre tâche. Peut-être Elohîms était-il en train de chômer? Peut-être s'était-il retiré pour laisser la place d'acteurs principaux à Adonaï et à Noah. Tout à coup il se souvient. Le temps du chômage n'est pas un temps d'absence mais un temps de travail sous une autre forme. Ici Elohîms redevient acteur.

La fin du verset 1 "*Elohîms fait passer un souffle sur la terre, les eaux se modèrent,*" est étrangement proche de la fin du verset 2 du chapitre premier "*mais le souffle d'Elohîms planait sur la face des eaux*". Comment ne pas voir, grâce à ce rapprochement, comme un nouveau commencement, une nouvelle création? Création qui commence par la fin d'un tohu et bohu signalé par la fin du mélange des eaux. Ici les eaux sont remises à leur place : "*les sources de l'abîme, les vannes des cieux sont barrées, la pluie des cieux est écrouée*", comme au deuxième jour de la création lorsque Elohîms dit :"*Un plafond sera au milieu des eaux: il est pour séparer entre les eaux et entre les eaux.*"

"*Au terme des cent cinquante jours, les eaux manquent.*" Le temps de la destruction, de la mort, est arrivé à son terme, au terme des cent cinquante jours. Commence la décrue, commence une nouvelle vie.

Le passage par les eaux est à la fois un temps de mort et un temps de recréation. Nous pouvons voir une même dynamique lors du passage de la mer rouge par le peuple des hébreux à la sortie d'Égypte. Le temps du passage a été pour pharaon et son armée le temps de la destruction, de la mort, mort de l'oppresseur, mort de l'oppression. Le temps de la construction de la liberté peut commencer ensuite pour le peuple, débarrassé enfin de l'oppresseur, de ce qui le tenait en esclavage et l'empêchait de devenir libre.

Pouvons-nous voir une même dynamique dans le baptême de Jésus? A Jean Baptiste qui disait son étonnement face à la demande de Jésus d'être baptisé, celui-ci lui répond : "*Laisse donc maintenant. Oui, il nous convient d'accomplir toute justice.*" Pourrions-nous voir dans l'accomplissement de toute justice le passage par la mort pour être recréé. Lorsque Jésus après avoir été immergé remonte de l'eau "*les ciels s'ouvrent pour lui. Il voit le souffle d'Elohîms descendre comme une palombe; il vient sur lui. Et voici, une voix des cieux dit : "Celui-ci est mon fils, mon aimé, en qui j'ai mon gré.*" Le souffle d'Elohîms descend sur lui comme il planait sur les eaux, comme il passe sur la terre, symbole d'une nouvelle création, celle de la reconnaissance pour Jésus de sa condition de fils. On peut alors comprendre *accomplir toute justice* comme accomplir les relations avec justesse, celle de père à fils animée par le souffle. Mais pour y arriver, par quelle mort doivent passer les relations? Celle de la mort à des relations toute puissantes?

Ce temps de passage par les eaux qui est en même temps un passage par une certaine mort, une certaine destruction, est suivi chaque fois par un temps d'épreuve, de construction de la vie, lié au nombre quarante.

Ici au déluge, les cent cinquante jours sont suivis par quarante jours avant que Noah ouvre la fenêtre de la caisse. Les hébreux vont marcher quarante ans dans le désert du Sinaï avant d'arriver dans la terre promise. Le baptême de Jésus sera suivi par quarante jours au désert au terme desquels Jésus est mis à l'épreuve par le diable.

Après quarante jours, Noah ouvre la fenêtre. Il envoie d'abord un corbeau puis une palombe. Mais ceux-ci reviennent car ils n'ont pas trouvé d'endroit où se poser. Noah attend sept jours. Il envoie de nouveau la palombe et celle-ci revient avec une feuille d'olivier. La terre a repris vie. Comment ne pas faire ici aussi le rapprochement avec le baptême de Jésus et la venue de l'Esprit Saint sous l'apparence corporelle d'une palombe? Lorsque Noah ouvre la fenêtre et que la palombe s'envole, quelle voix va se faire entendre du ciel?

Si l'on regarde le nombre des jours, le processus apparaît symétrique entre le temps qui mène à la mort et celui qui ramène à la vie. Sept jours puis quarante puis cent cinquante, puis quarante, puis sept.

Ce n'est pas encore le moment de sortir de la caisse. Noah attend encore sept autres jours avant de lâcher à nouveau la palombe. Celle-ci ne revient pas. La terre est enfin prête à accueillir les êtres vivants. Une nouvelle ère peut commencer. Celle-ci est signifiée par l'an six cent un de la vie de Noah, le premier et le un de la nouvelle lunaison. Tous les compteurs semblent être remis à zéro. "*Elles étaient asséchées les faces de la glèbe.*"

"*Sors de la caisse, toi, ta femme, tes fils, les femmes de tes fils avec toi, tout vivant qui est avec toi, toute chair, volatile, bête, tout reptile rampant sur la terre, fais-les sortir avec toi. Qu'ils foisonnent sur la terre, qu'ils fructifient et se multiplient sur la terre.*" Nous sommes ici renvoyés au premier récit de la création lorsque Elohîms, après chaque création d'êtres vivants, dit la formule " *Il les bénit pour dire "fructifiez, multipliez, emplissez les eaux, la terre…"* Formule qu'il reprend lorsqu'il fait Adam – le Glébeux – à sa réplique. C'est le sixième jour. Peut alors venir le septième jour, temps de chômage pour Elohîms, temps pour IHVH-Adonaï

Parallèlement au nombre de jours, il y a les lunaisons. Si l'on transforme les lunaisons en jours, on n'arrive pas aux mêmes chiffres que quand on parle en jours. Quelle symbolique voir derrière ces lunaisons? Rien de particulier ne m'apparaît. Peut-être, si l'on fait le rapprochement avec le chapitre un de la genèse lorsque

Elohîms établit les deux grands lustres au verset 16 : "*Elohîms fait les deux grands lustres, le grand lustre pour le gouvernement du jour, le petit lustre pour le gouvernement de la nuit et les étoiles*" peut-être pouvons-nous comprendre que le déluge concerne tant le jour que la nuit, c'est-à-dire tout le "*gouvernement*" du monde".

Tout est remis en question, tout est décrété pour être recréé.

> Trois fois par an, les membres de l'équipe éducative se retrouvent avec d'autres pendant deux jours en dehors de la maison pour un temps de prise de recul. L'objectif déclaré est de "découvrir et construire ensemble des relations de qualité".
>
> Le travail se fait en quatre temps. Le premier est un travail d'écriture à partir de l'expérience de chacun. La méthode s'inspire du travail d'écriture dans le "théâtre-action". Un petit dialogue entre trois personnages est le point de départ d'un dialogue qui se construit sous la plume de chacun des participants. Après un certain temps, chacun passe sa feuille à son voisin qui poursuit l'histoire héritée et ainsi de suite. La deuxième partie de ce premier temps est un temps de lecture des textes produits avec échange de réflexions entre les "écrivains".
>
> Le second et troisième temps sont des temps de lecture de textes de référence. Le premier texte est tiré des "Souvenirs autobiographiques" de Don Bosco dont la pédagogie et la spiritualité veulent être des critères importants de la vie de notre maison. Le second texte est tiré de la bible, principalement des textes de la genèse et de l'exode. Après la lecture à voix haute, chacun est invité à exprimer ses premières réactions, questions, émotions, réflexions. Le débat s'installe seulement dans un second temps. C'est une espèce de recherche de sens à trois niveaux. Que nous disent nos sens, quelles sont nos sensations? Quel est le sens du texte, de ce que nous écrivons, de ce que nous lisons, quelle en est sa signification? Quel est le sens, la direction que nous voulons privilégier, que nous choisissons, que nous voulons construire.
>
> Le quatrième temps est un temps d'évaluation à la fin de chaque journée, tant sur le contenu que sur la démarche vécue.
>
> On fil des rencontres, s'installe peu à peu une méthode, un réflexe de "lecture et d'écriture symbolique". Celles-ci visent à faire acquérir le réflexe de partir de l'expérience pour retourner à l'expérience dans le but de découvrir, d'exprimer, de partager, de communiquer un sens, le sens de nos relations, de nos faits de vie. Elles ont comme objet le récit d'expériences, de faits de vie.

Évaluation et décision

20. Noah bâtit un autel pour IHVH-Adonaï.
Il prend de toute bête, pure, de tout volatile pur

il fait monter des montées sur l'autel.
21. IHVH-Adonaï sent la senteur agréable. IHVH-Adonaï dit en son cœur:
« Je n'ajouterai pas à maudire encore la glèbe à cause du glébeux:
oui, la formation du cœur du glébeux est un mal dès sa jeunesse.
Je n'ajouterai pas encore à frapper tout vivant, comme je l'ai fait.
22. Tous les jours de la terre encore, semence et moisson,
froidure et chaleur, été et hiver, jour et nuit ne chômeront pas. »

Ce passage à partir du verset 20 fait penser au chapitre 4 de la genèse lorsque Caïn et Ebel font des offrandes à IHVH-Adonaï. Noah fait monter des montées sur l'autel et IHVH-Adonaï sent la senteur agréable. Le parallèle avec l'offrande faite par Caïn et son frère Ebel est frappant. Mais il y a aussi quelques différences. Ici il y a un autel; ce sont des bêtes pures qui sont offertes; l'offrande est exprimée par les mots "*il fait monter des montées*"; la considération de l'offrande est signifiée par "*la senteur agréable*".

Les mots revêtent une valeur symbolique importante : autel, bêtes pures, montées, senteur agréable. Si l'on est logique avec l'interprétation que les bêtes pures signifient les personnes accompagnant Noah dans la caisse, on comprend que la démarche de Noah est de vérifier la relation aux autres, à l'autre, à l'altérité comme personne symbolisée par IHVH-Adonaï, autrement dit de voir où il en est, où en sont ceux qui l'ont accompagné dans la caisse par rapport à leur identité relationnelle, à vérifier où ils en sont comme personne par rapport à la réalité.

L'autel fait penser au sacré, à quelque chose de plus important, de plus de valeur à l'image du septième jour que Elohîms a consacré. Monter des montées fait allusion au fait de prendre de la hauteur, prendre du recul vers le haut. Il s'agit surtout de vérifier le rapport aux relations, le rapport à l'identité relationnelle, celle qui apparaît comme plus haute, supérieure, comme aboutissement d'un chemin.

IHVH-Adonaï sent la senteur agréable comme s'il constatait que les relations des personnes sont dans le bon chemin, produisent quelque chose d'agréable. Son attitude est surprenante : "*il dit en son cœur*", il se parle à lui-même, il fait de l'introspection, de l'auto évaluation. Serait-ce sa façon à lui de "*faire monter des montées*", de prendre de la hauteur, du recul?

"*Je n'ajouterai pas à maudire encore la glèbe*". Le mot maudire peut renvoyer aux mots honnir et détruire. La glèbe a déjà été honnie plusieurs fois. La première fois après que le glébeux et sa femme aient mangé du fruit de l'arbre : "*Honnie est la glèbe à cause de toi.*" (3,17) Une deuxième fois après le meurtre de Ebel lorsque sont honnis à la fois Caïn et la glèbe : "*Tu es honni plus que la glèbe dont la bouche a bée pour prendre les sangs de ton frère de ta main.*" (4,11) Le nom de Noah crié par son père Lèmèkh rappelle cette situation :"*Celui-ci nous réconfortera de notre fait et de la peine de nos mains par la glèbe que IHVH-Adonaï a honnie*".(5,29) Par la suite, ce n'est plus le mot honnir mais le mot détruire qui est attribué à la terre juste avant le déluge: "*Elohîms voit la terre et voici, elle est détruite. Oui toute chair avait détruit sa route sur la terre. Elohîms dit à Noah : "le terme de toute chaire est venu en face de moi : oui la terre est pleine de violence face à eux. Me voici, je les détruis avec la terre."* (6,12-13)

C'est par l'acte du glébeux et de sa femme, par celui de Caïn, par celui des fils des Elohîms et des filles du glébeux que la terre est honnie, détruite. *"Je n'ajouterai pas à maudire encore à cause du glébeux"* comme si IHVH-Adonaï avait ajouté de la malédiction aux actes du glébeux. Il décide en lui-même de changer, de ne plus faire comme il a déjà fait. Il se met un interdit tout en faisant une constatation : *"oui la formation du cœur du glébeux est un mal dès sa jeunesse"*. C'est bizarre de parler ici de la formation du cœur du glébeux juste après qu'il soit écrit que *"IHVH-Adonaï se dit en son cœur."*

La formation du cœur du glébeux pourrait-il signifier ce que le glébeux se dirait à lui-même à l'image de ce que IHVH-Adonaï se dit en son cœur? Ces phrases reprennent celles dites en son cœur par IHVH-Adonaï juste avant le déluge. Mais ce qu'il se dit, suite à la senteur agréable c'est de ne plus jamais faire ce qu'il a fait. IHVH-Adonaï se met une limite parce qu'il sent la senteur agréable d'une relation bien ajustée, c'est-à-dire dans une juste distance grâce à l'interdit. Opposé à cela, il y a le mal de la formation du cœur du glébeux dès sa jeunesse, peut-être parce que le glébeux se dit en son cœur que IHVH-Adonaï est au delà de l'interdit, qu'il n'y est pas soumis, que cela est son privilège... ainsi que l'a induit la parole du serpent. C'est dans le cœur que se fait l'interprétation. C'est là ensuite que se prend la décision.

IHVH-Adonaï insiste : *"Je n'ajouterai pas à frapper encore tout vivant comme je l'ai fait"*. Il a ajouté à la malédiction de la glèbe en ajoutant à frapper tout vivant, comme s'il remettait une couche à chaque fois aux conséquences de l'acte du glébeux. Voilà la constatation. Puis il y a la décision. Il remet une couche dans l'interdit qu'il se donne de ne plus ajouter à frapper tout vivant comme il l'a fait.

Non content de se signifier deux fois l'interdit, il ajoute ensuite dans le positif, il ajoute dans le don : *"Tous les jours de la terre encore, semence et moisson, froidure et chaleur, été et hiver, jour et nuit ne chômeront pas."* Après s'être mis un interdit pour que se développe l'identité relationnelle, IHVH-Adonaï renforce tout ce qui peut contribuer à renforcer l'identité matérielle et biologique.

La justesse de l'identité relationnelle rejaillit sur l'identité matérielle et biologique. Si l'homme se détruit dans son identité relationnelle, l'identité matérielle et biologique se détruit aussi. Si l'homme se construit et vit dans son identité relationnelle, son identité matérielle et biologique ne chôment pas mais se construisent elles aussi.

Voilà l'itinéraire de la pensée de IHVH-Adonaï dans son cœur, dans sa réflexion, dans sa prise de distance ou de hauteur. Le point d'aboutissement est l'affirmation par deux fois d'un interdit qu'il se met à lui-même, condition indispensable pour que l'identité relationnelle soit porteuse de vie, dégage une senteur agréable, et rejaillisse sur l'identité matérielle et biologique.

Le résultat de la mise en lien des relations de Noah avec la réalité est de faire apparaître l'interdit que se met IHVH-Adonaï et qu'il exprime par deux fois : "*Je n'ajouterai pas.*" Jusque maintenant, le texte ne disait pas clairement que IHVH-Adonaï était soumis à un interdit. Le déluge permet à Noah et ses fils de découvrir clairement cette réalité et de se libérer davantage de la perversion provoquée par la parole du serpent. Le processus relationnel est intégré par Noah jusqu'en sa réalité fondamentale. Et cela va avoir une conséquence capitale. Il découvre que si on privilégie l'identité matérielle, l'identité relationnelle se trouve en difficulté mais que si on privilégie l'identité relationnelle, l'identité matérielle et biologique va aussi se développer : Voilà le sens de la phrase de IHVH-Adonaï : "*Tous les jours de la terre encore, semence et moisson, froidure et chaleur, été et hiver, jour et nuit ne chômeront pas.*"

Comment évaluer le temps de prise de recul? Qu'est-ce que cela produit dans la vie au jour le jour de la maison et du travail entre adultes et avec les jeunes? Des relations de qualité?

Peut-être cela produit-il la perte de deux illusions. La première, celle de la toute puissance de l'éducateur qui pourrait façonner le jeune et le groupe à son image, une fois acquise l'autorité indispensable et nécessaire. La seconde, celle de la toute jouissance en jouant la séduction et les envies des jeunes, en gommant les exigences et les contraintes trop strictes.

Par delà les deux illusions, il y a la formation de notre cœur. Celle-ci pourrait être de l'ordre de la re-con-naissance. Chaque matin, lors de l'arrivée au travail, lors de chaque rencontre nous est offerte la possibilité d'une nouvelle naissance. Elle ne peut se faire qu'en lien avec l'autre et à poursuivre, à remettre au travail chaque jour, sans cesse. La vie est une dynamique. La mort est un arrêt. Ce travail commence le plus souvent par un bonjour accompagné d'un bisou partagé.

De la toute puissance, de la toute jouissance, nous attendons la reconnaissance en un mot, comme par miracle, de façon automatique. Du travail de chaque jour, sans cesse remis sur le métier, nous découvrons et construisons la re-con-naissance, celle des personnes.

Un nouveau pacte

Chapitre 9
Pacte de Noah
1.   Elohîms bénit Noah et ses fils. Il leur dit:
« Fructifiez, multipliez et remplissez la terre.
2.   Votre frémissement, votre effarement seront sur tout vivant de la terre, tout volatile des cieux, tout ce qui rampe sur la glèbe,
tous les poissons de la mer. En vos mains, ils sont donnés.
3.   Tout rampant qui est vivant sera pour vous à manger

comme herbe verte; je vous ai tout donné,
4. mais la chair avec en son être son sang, vous ne la mangerez pas.
5. Votre sang pour vos êtres, je le revendiquerai;
de la main de tout vivant, je le revendiquerai,
de la main du glébeux, de la main de l'homme son frère,
je revendiquerai l'être du glébeux.
6. Qui répand le sang du glébeux, par le glébeux son sang sera répandu.
Oui, à la réplique d'Elohîms, il a fait le glébeux.
7. Et vous, fructifiez, multipliez, foisonnez sur terre, multipliez en elle. »
8. Elohîms dit à Noah et à ses fils avec lui pour dire:
9. « Et moi, me voici, je lève mon pacte avec vous,
avec votre semence après vous,
10. avec tout être vivant qui est avec vous, le volatile, la bête,
tout vivant sur la terre avec vous,
parmi tous les sortants de la caisse, pour tous les vivants de la terre,
11. je lève mon pacte avec vous:
nulle chair ne sera plus tranchée par les eaux du déluge,
il ne sera plus de déluge pour détruire la terre.
12. Elohîms dit: « Voici le signe du pacte que je donne entre moi, entre vous
et entre tout être vivant qui est avec vous pour les cycles en pérennité.
13. Mon arc à la nuée je l'ai donné,
il est le signe du pacte entre moi et entre la terre,
14. et c'est quand je ferai nuer la nuée sur la terre
et que l'arc se verra dans la nuée,
15. je mémoriserai mon pacte entre moi, entre vous
et entre tout être vivant en toute chair.
Les eaux ne seront plus pour le déluge, pour détruire toute chair.
16. Et c'est l'arc dans la nuée:
je le vois pour mémorisation du pacte de pérennité,
entre Elohîms et entre tout être vivant,
en toute chair qui est sur la terre. »
17. Elohîms dit à Noah: « Voici le signe du pacte
que j'ai levé entre moi et entre toute chair qui est sur la terre. »

Dans ce chapitre 9, Elohîms succède à IHVH-Adonaï comme personnage principal. Depuis les chapitres 2 et 3, nous n'avons plus retrouvé l'expression IHVH-Adonaï Elohîms. Pourquoi? Est-ce pour mieux distinguer l'un de l'autre, c'est-à-dire l'identité matérielle et biologique de l'identité relationnelle? Peut-être? C'est peut-être surtout pour montrer la relation complexe entre les deux, la relation complexe étant dépendante elle aussi du respect de l'interdit. C'est ce que nous allons découvrir dans ce chapitre 9 lorsque Elohîms signifie l'interdit qu'il se donne par un signe et un pacte solennels, comme vient de le faire IHVH-Adonaï.

Le verset 1 de ce chapitre 9 "*Elohîms bénit Noah et ses fils. Il leur dit: "Fructifiez, multipliez et remplissez la terre*" est pratiquement identique au verset 28 du chapitre 1 de la genèse lorsque Elohîms s'adresse au glébeux qu'il vient de créer, mâle et femelle, à sa réplique : "*Elohîms les bénit. Elohîms leur dit: « Fructifiez, multipliez, emplissez la terre.*" Le verset 28 continue ainsi : "*conquérez-la. Assujettissez le poisson de la mer, le volatile des cieux, tout vivant qui rampe sur la terre.*" Elohîms dit: "*Voici, je vous ai donné toute l'herbe semant semence, sur les faces de toute la terre, et tout l'arbre avec en lui fruit d'arbre, semant semence: pour vous il sera à manger.*" Il y a une certaine domination du glébeux sur les autres êtres vivants qu'il doit assujettir. Mais les êtres vivants, comme le glébeux, avaient même nourriture : *l'herbe semant semence et l'arbre avec en lui fruit d'arbre*. Tous les êtres vivants restent dans une même catégorie signifiée par une même nourriture. Le glébeux est simplement au sommet de cette catégorie.

Dans les paroles d'Elohîms dites à Noah et à ses fils aux versets 2 et suivants, il y a entre Noah et ses fils et les autres êtres vivants une différence significative, un changement de catégorie, comme celle qui existait entre les êtres vivants et l'herbe et les fruits auparavant, ceux-ci étant la nourriture pour les premiers. Ici, les êtres vivants deviennent nourriture pour Noah et ses fils. Pourquoi un tel changement? Peut-être pour introduire l'interdit au niveau de la nourriture : "*mais la chair avec en son être son sang, vous ne la mangerez pas.*"

Lorsque les plantes ont été données en nourriture, tout apparaissait comme don. Il n'y avait pas d'interdit explicite, même s'il n'était dit nulle part que le glébeux pouvait manger de la viande. Ici, la viande est donnée à manger en ajoutant l'expression "*je vous ai tout donné*" tout en continuant immédiatement avec un mais, un interdit.

Dans le récit de la création, tout apparaissait comme don et l'interdit ne venait qu'au chapitre 2 versets 16 et 17 "*De tout arbre du jardin, tu mangeras, tu mangeras, mais de l'arbre de la connaissance du bien et du mal, tu ne mangeras pas, oui, du jour où tu en mangeras, tu mourras, tu mourras.*" L'arbre de la connaissance apparaissait comme une nourriture symbolique liée à la relation entre les personnes et la transgression de l'interdit entraînait une conséquence importante : *tu mourras, tu mourras*.

Le verset 5 nous embarque dans un interdit semblable. Jusque là, manger de la *chair avec en son être son sang* était une transgression mais les conséquences n'étaient pas données. Au verset 5, c'est le sang de Noah et de ses fils qui est visé ou plutôt ce que ce sang symbolise : l'être du glébeux. "*Votre sang pour vos êtres, je le revendiquerai; de la main de tout vivant, je le revendiquerai, de la main du glébeux, de la main de l'homme son frère, je revendiquerai l'être du glébeux. Qui répand le sang du glébeux, par le glébeux son sang sera répandu.*"

Peut-on voir ici un exemple de la loi du talion, une vie pour une vie? Ou encore une justification de la peine de mort? Je préfère voir dans les paroles d'Elohîms l'énoncé des conséquences des actes du glébeux. Répandre le sang entraîne un processus, un engrenage où les êtres vont se perdre.

"*De la main de l'homme son frère*" fait penser au meurtre d'Ebel par Caïn. Le sang d'Ebel criait de la terre vers IHVH-Adonaï. Ici, Elohîms revendique l'être du glébeux dont le sang aura été répandu. La vie avait été laissée à Caïn pour qu'il puisse faire un chemin de recréation. Ce chemin interrompu avait entraîné la non vie. Pourquoi déclarer "*Qui répand le sang du glébeux, par le glébeux son sang sera répandu*" sinon pour rappeler que le meurtre est un chemin de mort pour celui qui le commet?

La phrase suivante résonne étrangement : "*Oui, à la réplique d'Elohîms, il a fait le glébeux.*" Comme si on revenait au verset 27 du chapitre premier avec l'expression suivante "*Elohîms crée le glébeux à sa réplique, à la réplique d'Elohîms, il le crée, mâle et femelle, il les crée.*" Rien n'aurait changé et tous les épisodes racontés depuis nous renverraient-ils au début?

Je voudrais lire la phrase du verset 27 comme l'indication d'un chemin de vie pour Noah et ses fils. Pourquoi ne pas lire la phrase "*oui, à la réplique d'Elohîms, il a fait le glébeux*" comme le renvoi à la vie même d'Elohîms? Si Elohîms a fait le glébeux à sa réplique, la vie de l'un et de l'autre est du même ordre. Il y a pour Elohîms un chemin de vie semblable au chemin de vie du glébeux. Le rappel à cet endroit du texte que Elohîms a fait le glébeux à sa réplique veut alors nous mettre sur le chemin de la vie même d'Elohîms. La suite peut-elle nous confirmer dans cette interprétation?

Versets 8 à 11 : *Elohîms dit à Noah et à ses fils avec lui pour dire: "Et moi, me voici, je lève mon pacte avec vous, avec votre semence après vous, avec tout être vivant qui est avec vous, le volatile, la bête, tout vivant sur la terre avec vous, parmi tous les sortants de la caisse, pour tous les vivants de la terre, je lève mon pacte avec vous: nulle chair ne sera plus tranchée par les eaux du déluge, il ne sera plus de déluge pour détruire la terre*".

"Le lève mon pacte" : il y a ici une promesse que Elohîms fait à Noah et à ses fils et à tous les êtres vivants de la terre, une promesse qui concerne les relations entre Elohîms et entre tous les vivants. Cette promesse est solennelle. Elle reprend en paroles proclamées celles que IHVH-Adonaï s'était dites en son cœur au verset 21 du chapitre 8 : "*Je n'ajouterai pas à maudire encore la glèbe à cause du glébeux: oui, la formation du cœur du glébeux est un mal dès sa jeunesse. Je n'ajouterai pas encore à frapper tout vivant, comme je l'ai fait.*" Et cette promesse est un interdit que Elohîms se met à lui-même dans les relations avec les êtres vivants, celui de ne plus les détruire par les eaux du déluge.

La nouvelle création racontée dans le récit du déluge débouche sur un interdit. Il y avait déjà un interdit dans le récit de la création au chapitre 2, celui de ne pas manger du fruit de l'arbre de la connaissance du bien et du mal. Le serpent avait interprété la parole d'IHVH-Adonaï Elohîms comme ne s'adressant qu'au glébeux laissant croire que l'interdit ne s'adressait pas à IHVH-Adonaï Elohîms. Nous avons interprété cet interdit comme la loi de toute relation, relation concernant IHVH-Adonaï Elohîms lui-même, loi donnée au glébeux pour que la relation soit porteuse de vie. Ici les choses deviennent plus claires. Il y a un interdit donné clairement à Noah et à ses fils de ne pas répandre le sang du glébeux et de ne pas manger de la chair de tout rampant vivant avec en son être son sang. Maintenant il y a un interdit que Elohîms se donne clairement et solennellement à lui-même, celui de ne plus détruire par le déluge. Pour que les relations soient porteuses de vie, il y a forcément un interdit, une limite à la toute puissance.

Ce pacte est signifié solennellement par un signe, celui de l'arc dans la nuée : "*Voici le signe du pacte que je donne entre moi, entre vous et entre tout être vivant qui est avec vous pour les cycles en pérennité. Mon arc à la nuée je l'ai donné, il est le signe du pacte entre moi et entre la terre, et c'est quand je ferai nuer la nuée sur la terre et que l'arc se verra dans la nuée, je mémoriserai mon pacte entre moi, entre vous et entre tout être vivant en toute chair. Les eaux ne seront plus pour le déluge, pour détruire toute chair. Et c'est l'arc dans la nuée: je le vois pour mémorisation du pacte de pérennité, entre Elohîms et entre tout être vivant, entre toute chair qui est sur la terre.*"

La façon dont Chouraqui écrit est souvent déconcertante. Pourquoi écrire "*entre moi, entre vous et entre tout être vivant qui est avec vous*" et pas simplement entre moi et vous et tout être vivant? On peut y voir seulement une question de traduction, de langage. On peut aussi y voir une autre dimension. Le pacte n'est pas seulement mis entre les êtres, il est aussi mis à l'intérieur des êtres. Il concerne aussi la relation d'Elohîms à lui-même, celle de Noah à lui-même, celle de tout être vivant à lui-même, celle de tout être vivant à la terre. Ou encore si on se situe au niveau des identités, la relation entre l'identité matérielle, l'identité biologique et l'identité relationnelle.

La relation devient alors complexe. Le pacte et son signe sont alors compris comme ce qui relie mais aussi comme ce qui sépare et cela à tous les niveaux. Il s'agit de trouver la juste distance dans toute relation qui permettra à celle-ci d'être source de vie. La règle essentielle étant l'interdit.

Le mot pérennité est cité deux fois : "*pour les cycles en pérennité*"et "*pour mémorisation du pacte de pérennité.*". Pourquoi cette insistance? Comme si Elohîms avait l'impression qu'on pourrait mettre en doute sa parole, comme s'il pouvait se rétracter et changer d'avis. Il faut encore se méfier de l'interprétation du serpent. On peut comprendre le mot pérennité comme le début d'une nouvelle ère qui vient de commencer à la sortie de la caisse et qui se poursuivra toujours. On peut aussi le comprendre comme indiquant une vérité tellement fondamentale qu'elle ne s'arrêtera jamais mais aussi qu'elle n'a pas seulement commencé aujourd'hui mais existe depuis le début de la création.

Voilà le sens du pacte signifié par un signe grandiose. Il n'y a pas de privilège entre les êtres vivants et entre IHVH-Adonaï Elohîms. Il y a seulement une règle, la même pour tous, qui fait que la relation peut être source de vie pour chacun.

Nous ne voyons pas la lumière mais elle nous permet de voir la vie en couleur. Lorsque nous décomposons la lumière nous en voyons ses différentes couleurs, côte à côte. C'est l'arc-en-ciel. Nous avons tendance à décomposer la vie et même les personnes. Nous avons tendance à couper et déconnecter la vie de son contexte, de son environnement. De même pour les personnes.

Ce sont peut-être les risques les plus dangereux de la science actuelle, de la formation en spécialisation de tous les métiers en lien avec les relations humaines, voire vivantes, de notre partage des tâches du travail. A force de simplifier, de partager, de diviser, nous risquons de perdre la vie. La vie naît toujours de la relation. Pour faire vivre la vie, pour penser la vie, pour vivre tout simplement, il est indispensable de remettre du lien à tous les niveaux, d'apprendre à penser et vivre complexe. Il ne faudrait plus travailler de façon systématique mais de façon systémique, en système, en relation.

Cela semble une tâche insurmontable, trop difficile, trop compliquée… parce que nous restons dans "la décomposition de la lumière". L'arc-en-ciel n'est qu'un temps symbolique. Ce qui importe c'est la lumière qui nous permet de voir.

Repartons de la vie, repartons des personnes, passons par des récits, passons par des rencontres, retrouvons du bon sens, tout en gardant la prise de distance, l'évaluation. Pour cela nous avons besoin de temps particuliers de mise à distance, d'expériences particulières en "laboratoire". L'outil le plus important est la parole, la prise de parole, qui ne peut être parole que dans la mesure où elle n'est jamais coupée des actes.

7. LE SECRET DE LA VIE

Voir ou ne pas voir?

Les fils de Noah
18.   Et ce sont les fils de Noah, sortant de la caisse:
Shém, Hâm et Ièphèt; Hâm est le père de Kena'ân.
19.   Ces trois sont les fils de Noah:
de ceux-là s'est dispersée toute la terre.
20.   Commence Noah, l'homme de la glèbe, il plante une vigne,
21.   boit du vin, s'enivre et se découvre au milieu de sa tente.
22.   Hâm, le père de Kena'ân, voit le sexe de son père.
Il le rapporte à ses deux frères, dehors.
23.   Shém prend avec Ièphèt la tunique: ils la placent sur l'épaule, les deux.
Ils vont en arrière et recouvrent le sexe de leur père.
Leurs faces en arrière, le sexe de leur père, ils ne le voient pas.
24.   Noah se ranime de son vin.
Il pénètre ce que lui a fait son fils, le petit.
25.   Il dit: « Kena'ân est honni.
Il sera pour ses frères un serviteur de serviteurs. »
26.   Il dit: « IHVH-Adonaï, l'Elohîms de Shém, est béni !
Kena'ân sera leur serviteur.
27.   Elohîms épanouira Ièphèt, il demeurera aux tentes de Shém.
Kena'ân sera leur serviteur. »
28.   Noah vit après le déluge trois cent cinquante ans.
29.   Et ce sont tous les jours de Noah, neuf cent cinquante ans. Et il meurt.

Tout a été mis en place pour que les relations entre tous, que ce soit Elohîms, IHVH-Adonaï, Noah et ses fils, les êtres vivants et toute la terre... puissent entrer en relation d'une façon qui produise la vie et non la mort. Un signe dans le ciel rappelle la règle fondamentale : il n'y a de privilège pour personne, l'interdit est le cœur de la relation qui limite la puissance de chacun ou entre chacun. Il est la source fondamentale de la vie relationnelle.

Avec Noah et ses fils au sortir de la caisse commence une nouvelle humanité qui va se disperser sur toute la terre. Tout est mis en place pour un nouveau commencement, une nouvelle genèse : *"Commence Noah..."*

La suite du texte est tellement surprenante que l'on a l'impression d'une rupture fondamentale avec tout ce qui vient d'être raconté à propos de l'histoire de Noah. De tous les hommes de la terre, Noah était le seul juste. Il vient de vivre une expérience extraordinaire de" proximité" avec IHVH-Adonaï Elohîms qui a conduit celui-ci à clarifier sa relation à tous les êtres en explicitant qu'il était lui-même soumis à l'interdit...et voila que Noah *"plante une vigne, s'enivre et se dénude au milieu de sa tente"*. Noah serait-il devenu un poivrot qui se laisse aller à un manque de pudeur? Les conséquences en semblent dramatiques. Ham, le second de ses fils voit le sexe de son père et rapporte cela à ses frères. L'attitude de ses frères laisse croire que voir le sexe de son père est le plus grand interdit : on ne peut pas voir la nudité de Noah. Cet interdit a été transgressé par Ham... mais n'est-ce pas le comportement de Noah qui est à la source de cette transgression "involontaire". A moins que le mal commis par Ham ne soit pas dans le fait de voir mais dans le fait de le rapporter à ses frères. On pourrait voir mais il faut le garder pour soi.

La suite du texte semble confirmer cette interprétation. Les frères s'arrangent pour ne par voir le sexe de leur père en recouvrant Noah de son manteau. Lorsque celui-ci se ranime de son vin, il tire les conclusions de l'événement. Les frères auraient-ils rapporté toute l'histoire à leur père? Ham a mal agit, ses frères ont bien agit. Ham sera puni... mais il y a comme un malentendu : ce n'est pas Ham qui est puni mais son fils, Kena'an, le petit fils de Noah, qui semble n'être en rien acteur dans les événements. Les deux frères sont récompensés : ils reçoivent comme serviteur Kena'an, leur neveu. Kena'an est puni : il devient le serviteur de ses "frères".

A aucun moment Noah ne se remet en question alors que tout vient du fait qu'il s'est enivré. La conséquence de tout cela est que le privilège est rétabli dans les relations et que l'interdit devient l'interdit de voir (découvrir ce qui est bien et mal) alors qu'à l'origine l'interdit est de "manger", de posséder "le bien et le mal", c'est-à-dire se donner le privilège de décider seul de ce qui est bien et mal pour soi et pour l'autre, c'est-à-dire de confisquer la relation de façon unilatérale. On en arrive ainsi à l'inverse de ce que devrait signifier "*l'arc dans la nuée*".

Mais Noah est un juste, le seul d'ailleurs, et puis ses deux fils après lui. Il n'y a donc aucune raison qu'ils puissent être remis en question. Cette interprétation laisse pourtant un goût amer. Il y a quelque chose qui ne va pas. C'est une injustice profonde pour Kena'an et cela établit des relations qui ne semblent vraiment pas équilibrées. Comment justifier une telle lecture? On peut trouver des justifications de type historique : le texte témoigne des mœurs barbares à une époque reculée. Ou encore ce texte a été corrompu et laisse alors apparaître des contradictions ou incompréhensions impossibles à lever tant que nous n'aurons pas le texte d'origine. On peut aussi mélanger l'historique et le symbolique. Le texte témoignerait d'un acte d'inceste dont Kena'an serait le coupable et Noah la victime.

Ces interprétations laissent seulement apparaître le malaise profond que l'on peut éprouver à la lecture de ce texte mais elles laissent intacte la méprise profonde d'une lecture superficielle ou encore faite avec les "yeux du serpent". Les conséquences en sont immenses et encore bien réelles aujourd'hui. En donnant le privilège aux descendants de Shém et en faisant des descendants de Kena'an des serviteurs voire des esclaves (selon certaines traductions), on continue à rendre insoluble le conflit entre les juifs, descendants de Shém, et les palestiniens, descendants de Kena'an, au moyen orient et plus largement entre les hommes dans le monde. La porte est largement ouverte au racisme.

Si nous essayons de lire et d'interpréter ce texte dans la suite du récit déjà travaillé, nous arrivons à une interprétation tout à fait opposée. Le vin et le fait de s'enivrer sont l'occasion de révéler et de découvrir une réalité cachée mais importante à connaître. Il est permis, voir indispensable, de voir le "*sexe*" de son père. Comme pour le glébeux et sa femme avant de manger de l'arbre interdit, il n'y a pas à blêmir de la nudité. C'est Ham qui a raison et pas ses frères. Ce que dit Noah quand il se ranime de son vin n'est pas une punition liée à l'usurpation d'un privilège mais la constatation d'un fait : ses deux fils n'ont pas compris. Pour comprendre, ils ont besoin que quelqu'un se mette à leur service pour leur faire découvrir leur erreur ou la vérité. Devenir "*serviteur de serviteur*" n'est pas pour Kena'an une punition mais une mission. D'ailleurs cette mission sera accomplie par Jésus qui viendra sur la terre de Kena'an pour devenir serviteur de serviteur.

"*Et ce sont les fils de Noah, sortant de la caisse: Shém, Hâm et Ièphèt; Hâm est le père de Kena'ân*". Pourquoi signaler ici que Hâm est le père de Kena'an? Pour mettre en évidence Hâm et Kena'an qui vont jouer un rôle particulier dans ce récit? Et peut-être aussi pour signifier que Hâm est père et que cela est une donnée importante pour comprendre le sens du texte?

"*Hâm, le père de Kena'ân, voit le sexe de son père.*" C'est peut-être parce qu'il est père lui-même qu'il voit le sexe de son père, qu'il "peut" le voir? Et que veut dire ici le mot sexe? Nous pouvons le mettre en lien avec un autre emploi dans la bible quand les frères de Iosseph viennent en Misraïm, en Égypte, pour chercher du blé alors que la famine sévit en terre de Kena'an et que Iosseph les accuse d'être des espions : "*Vous êtes des espions! Vous êtes venus pour voir le sexe de la terre.*" Le mot sexe est à prendre ici dans un sens symbolique. Les frères de Iosseph viennent-ils en Misraïm pour se ravitailler où pour connaître le "sexe", le "secret" de Misraïm, c'est-à-dire la source de la vie, celle qui permet à Misraïm de vivre même en période de famine. Le sexe est ici le symbole de la source de la vie. Pour Hâm, voir le sexe de son père, c'est voir la source de la vie. Il peut le voir, il le voit, car il est père lui-même. Ses frères ne le voient pas, ne peuvent pas le voir, car ils ne sont pas pères.

Si l'on remet le texte dans la suite du texte précédent, la vie dont il est question ici n'est pas la vie matérielle, biologique, mais la vie relationnelle. Hâm voit la source de la vie relationnelle, c'est-à-dire l'interdit que IHVH-Adonaï se met à lui-même et instaure dans toute relation pour que celle-ci devienne source de vie. Voilà le sens du mot "sexe" ici. Hâm découvre la nudité de son père comme chacun a pu découvrir la nudité de IHVH-Adonaï, d'Elohîms, c'est-à-dire son identité relationnelle quand il a signifié l'interdit, la limite, qui permet la vie et qui est signifié à travers l'arc dans la nuée.

"*Noah se ranime de son vin. Il pénètre ce que lui a fait son fils, le petit. Il dit: « Kena'ân est honni. Il sera pour ses frères un serviteur de serviteurs. »*" Le mot fils semble renvoyer à Hâm puisque c'est lui qui a été acteur. Le mot petit, qui semble renvoyer au mot fils, laisserait entendre que Hâm est soit encore jeune, mais cela n'est pas possible puisqu'il est déjà père, ou encore qu'il soit le plus jeune des trois fils. Cela n'est pas possible non plus puisqu'il est le second, celui du milieu. La suite du texte laisse penser que petit pourrait être Kena'an puisque c'est celui-ci qui est déclaré honni dans la parole qui suit.

Chaque fois que l'on parle de Hâm dans ce passage, il est précisé qu'il est le père de Kena'an. Pourrait-on voir alors dans l'expression "*son fils, le petit*" à la fois Hâm et son fils, et même plus largement "celui qui a vu" et ses descendants, et qui sera par la suite signifiée par l'expression "la terre de Kena'an"?

"*Kena'ân est honni*". La phrase pourrait être prise comme une punition, une malédiction, une vengeance, décrétée par Noah. Comme dans les autres textes où revenait l'expression "honni", il faut la comprendre comme la constatation d'une réalité. Kena'an est dans une position délicate car son père a vu ce qu'il ne pouvait voir selon les convictions des autres frères. Il devient victime de la faute supposée de son père. Il est le fils de celui qui aurait fauté. Noah constate cet état de fait. Il sait que ce sera dur à porter.

Mais en même temps, Noah sait que Hâm et donc Kena'an avaient le droit de voir, que cela est la suite logique de toute l'histoire du déluge, que cela est la source de la vie relationnelle selon IHVH-Adonaï. Le fait de "voir", de connaître la source de la vie relationnelle, va devenir une responsabilité, une mission, celle de se mettre aux service des frères pour qu'ils puissent changer leur regard et découvrir à leur tour le chemin de la vie.

"*Il sera pour ses frères un serviteur de serviteurs.*" Le mot serviteur revêt dans notre compréhension habituelle un sens négatif et quand il vient après le mot honni, cela est encore accentué. Certaines traductions emploi le mot esclave, c'est-à-dire l'inverse de ce qui est visé : devenir des hommes libres, vivants. Nous nous situons encore dans la vision du serpent pour qui l'interdit signifiait le privilège réservé à Elohîms et non le chemin de la vie, le chemin de la liberté de chacun.

Dans la bible, le mot serviteur n'est pas compris ni employé dans un sens négatif. Il désigne au contraire celui qui se met au service du projet de IHVH-Adonaï, au service du projet de la vie. Les plus grandes figures bibliques sont appelées "serviteur". Jésus lui-même sera appelé "serviteur". La grande question biblique ne portera pas sur la notion de serviteur mais sur la notion de serviteur "souffrant". C'est la question chez le prophète Isaïe à travers les quatre chants du "serviteur souffrant". C'est la grande question des disciples de Jésus après sa mort résurrection rapportée entre autre dans le texte de saint Luc avec les disciples d'Emmaüs : "*"Esprits sans intelligence, lents à croire tout ce qu'ont annoncé les prophètes! Ne fallait-il pas que le Christ endurât ces souffrances pour entrer dans sa gloire?" Et commençant par Moïse et parcourant tous les prophètes, il leur interpréta dans toutes les écritures ce qui le concernait.*"

Pourquoi la souffrance sinon parce que la mission de serviteur a pour destinataires des personnes qui se croient dans la vérité alors qu'elles sont dans l'erreur, qui pensent qu'elles voient avec les yeux de IHVH-Adonaï alors qu'elles voient avec les yeux du serpent. Voilà en quoi Kena'an est "honni". Voilà en quoi Jésus sera "honni" jusqu'à être mis à mort sur la croix.

Pour Abraham, le chemin du salut conduit en terre de Kena'an, la terre promise. Pour le peuple hébreux, la traversée du désert devient lui aussi le chemin de la terre promise, la terre de Kena'an, la terre des hommes libres, la terre de la vie. Pour Jésus le chemin passe lui aussi par la terre de Kena'an et cette terre deviendra alors pour tous, le chemin du salut.

Il s'agit évidemment d'un chemin symbolique, celui qui permet que les relations deviennent source de vie pour chacun. Et pour cela, il faut passer de la pensée que voir et connaître la source de la vie est interdit alors que cela est nécessaire et indispensable. Il faut passer de la pensée de croire qu'il est interdit de voir le "sexe" de Noah, le sexe du père, à la position inverse.

"*Qui m'a vu a vu le père*" dit Jésus en saint Jean. Dans la bible, il y a de nombreux passages où il est dit que l'on ne peut voir "Dieu" sans mourir. Ces passages révèlent la mentalité issue de la vision du serpent d'un "Dieu" de privilège. Jésus, à la suite de Hâm et de Kena'an viendra nous révéler le Père. Et cela sera la source de la vie, le chemin du salut, le salut lui-même.

"*IHVH-Adonaï, l'Elohîms de Shém, est béni ! Kena'ân sera leur serviteur.*" Kena'an ne sera pas seulement le serviteur de ses frères. La phrase laisse entendre qu'il sera aussi le serviteur de IHVH-Adonaï, l'Elohîms de Shém. Kena'an sera avant tout au service de la relation entre IHVH-Adonaï et Shém. Et c'est en cela que IHVH-Adonaï, l'Elohîms de Shém est béni, c'est parce que Kena'an sera leur serviteur, parce qu'il pourra se mettre au service d'une relation porteuse de vie, parce qu'il pourra essayer de corriger l'erreur qui habite Shém dans ses relations.

"*Elohîms épanouira Ièphèt, il demeurera aux tentes de Shém. Kena'ân sera leur serviteur.*" Dans la mesure où Kena'an sera au service de la relation porteuse de vie pour ses frères, ceux-ci trouveront aussi leur épanouissement au niveau matériel et biologique. La loi de vie au niveau relationnel, au niveau de IHVH-Adonaï, entraîne la loi de vie au niveau matériel et biologique, au niveau de Elohîms.

Pourquoi les choses ne sont-elles pas dites de façon plus claires? Pourquoi les textes signifieraient-ils l'inverse de ce que l'on découvre à première lecture? La même question a été posée à Jésus en Mathieu, 13, 10-15 : "*Les disciples s'approchant lui dirent : "Pourquoi leur parles-tu en paraboles?" – "C'est que, répondit-il, à vous il est donné de connaître les mystères du Royaume des Cieux, tandis qu'à ces gens-là, cela n'est pas donné. Car à celui qui a l'on donnera et il aura du surplus, mais à celui qui n'a pas on enlèvera même ce qu'il a. C'est pour cela que je leur parle en paraboles : parce qu'ils voient sans voir et entendent sans entendre ni comprendre. Ainsi s'accomplit pour eux la prophétie d'Isaïe qui disait : Vous aurez beau entendre, vous ne comprendrez pas; vous aurez beau voir, vous n'apercevrez pas. C'est que l'esprit de ce peuple s'est épaissi : ils se sont bouché les oreilles, ils ont fermé les yeux, de peur que leurs yeux ne voient, que leurs oreilles n'entendent, que leur esprit ne comprenne, qu'ils ne se convertissent et que je les guérisse."*

Notre esprit à nous aussi s'est épaissi quand nous ne lui permettons de ne voir qu'avec les yeux du serpent. Il s'est épaissi quand nous avons privilégié la lecture au premier degré c'est-à-dire au niveau scientifique, d'un texte qui était écrit à un autre niveau. Ce texte se sert des images de la vie matérielle et biologique pour exprimer le sens des relations, pour aborder les questions de la vie relationnelle. Nous confondons les images avec la réalité à laquelle ces images veulent nous faire accéder. Nous refaisons la même expérience qu'Hava quand elle laisse parler son identité matérielle et biologique au niveau de son identité relationnelle.

Nous nous fourvoyons dans ces textes parce que nous les lisons avec la conviction que nous sommes dans la vérité comme Shém et Ièphèt. Ils relisent l'interdit comme le privilège pour leur père Noah de garder secret la source de la vie. Ils n'ont pas encore compris le sens de l'arc dans la nuée c'est-à-dire que l'interdit est mis entre toute chose et entre toute personne, non pour que l'un ou l'autre s'accapare de la vie mais pour que celle-ci soit accessible à tous. Nous avons besoin d'un Kena'an, d'un serviteur de serviteurs. Nous avons besoin de Jésus qui poussera le service jusqu'au bout de la mort. Nous avons besoin de l'esprit envoyé par Jésus pour qu'il se joigne à notre esprit et nous permette de dire "Père", sans retenue, sans secret, sans privilège mais dans une relation qui donne vie à chacun.

> Pouvons-nous tout connaître, tout savoir, tout partager? Notre travail avec les jeunes et les familles nous fait entrer dans leur vie personnelle, parfois très loin dans leur intimité, parfois très profond dans les blessures et les souffrances.
>
> La vie relationnelle ne peut se construire sans respect des limites. La parole ne peut être source de vie sans silence. Nous rejoignons ici la déontologie de notre travail. Le secret de la vie est aussi un secret.
>
> Notre travail dans une relation interpersonnelle nous expose aussi à dévoiler parfois notre vie personnelle, nos valeurs profondes, nos blessures et nos souffrances. Il est souvent impossible de séparer notre travail professionnel de notre vie privée, de notre vie personnelle.
>
> Ici aussi, peut-être surtout, il y a nécessité de réajustement continu pour que la relation soit pour chacun source de vie et non source de mort, pour que nous ne confisquions pas la personne de l'autre pour l'asservir et la transformer en objet au service de nos ambitions, de nos projets.
>
> Des balises sont importantes, des règles sont indispensables. Le plus important est certainement l'évaluation en équipe, avec les jeunes, avec les familles. Différents entretiens et réunions sont organisés avec les uns, avec les autres. Il y a aussi l'évaluation avec les mandants, avec les inspections, avec le décret de l'Aide à la Jeunesse.

L'avènement de la personne est le fruit d'un vaste système de relations dont le sens doit être orienté vers la vie grâce au respect de la limite fondamentale : celui d'ajuster la distance indispensable qui permet à chacun de devenir lui-même.

La différence pour exister

Chapitre 10
Le tableau des peuples
1. Voici les enfantements des fils de Noah, Shém, Hâm et Ièphèt.
Des fils sont enfantés pour eux après le déluge.
2. Fils de Ièphèt: Gomèr, Magog, Madaï, Iavân, Toubal, Mèshèkh et Tiras.
3. Fils de Gomèr: Ashkenaz, Riphat et Togarma.
4. Fils de Iavân: Èlisha, Tarshish, Kitîm et Dodanîm.
5. De ceux-là se sont séparées les îles des nations, en leurs terres,
l'homme pour sa langue, pour leurs clans, en leurs nations.
6. Fils de Hâm: Koush, Misraîm, Pout et Kena'ân.
7. Fils de Koush: Seba, Havila, Sabta, Ra'ma et Sabtekha.
Fils de Ra'ma: Sheba et Dedân.
8. Koush fait enfanter Nimrod; il commença à être un héros sur la terre.
9. Il était un héros de chasse face à IHVH-Adonaï.
Sur quoi il est dit: « Tel Nimrod, héros de chasse, face à IHVH-Adonaï. »
10. Et c'est en tête de son royaume:
Babèl, Èrèkh, Akad et Kalné, en terre de Shin'ar.
11. De cette terre est sorti Ashour.
Il bâtit Ninevé, Rehobot-ville et Kalah,
12. Rèssèn, entre Ninevé et Kalah, c'est la grande ville.
13. Misraîm fait enfanter Loudîm, 'Anamîm, Lehabîm, Naphtouhîm,
14. Patroussîm, Kaslouhîm, d'où sont sortis Pelishtîm et Kaphtorîm.
15. Kena'ân fait enfanter Sidôn, son aîné, et Hét,
16. le Ieboussi, l'Emori et le Guirgashi,
17. le Hivi, le 'Arqi, le Sini,
18. le Arvadi, le Semari et le Hamati.
Ensuite, les clans du Kena'ani se sont dispersés.
19. Et c'est la frontière du Kena'ani,
de Sidôn à l'accès de Guerar jusqu'à 'Aza,
à l'accès de Sedôm et 'Amora, Adma et Seboîm jusqu'à Lèsha'.
20. Voici les fils de Hâm pour leurs clans, pour leurs langues,
dans leurs terres, dans leurs nations.
21. Pour Shém aussi, il a été enfanté,
lui, le père de tous les Benéi 'Éber, le frère de Ièphèt le grand.
22. Fils de Shém, 'Éïlâm, Ashour, Arpakhshad, Loud et Arâm.
23. Et les fils d'Arâm: 'Ous, Houl, Guètèr et Mash.
24. Arpakhshad fait enfanter Shèlah.

Shèlah fait enfanter 'Ébèr.
25. Pour 'Ébèr il a été enfanté deux fils:
nom de l'un, Pèlèg, oui, en ses jours la terre s'était scindée.
Nom de son frère: Ioqtân.
26. Ioqtân fait enfanter Almodad, Shèlèph, Hasarmavèt et Ièrah,
27. Adorâm, Ouzal, Diqla,
28. 'Obal, Abimaél, Sheba,
29. Ophir, Havila et Iobab, tous ceux-là sont fils de Ioqtân.
30. Et c'est leur habitat, de Mésha à l'accès de Sephar, le mont du Levant.
31. Voici les fils de Shém pour leurs clans, pour leurs langues,
dans leurs terres, pour leurs nations.
32. Voilà les clans des fils de Noah pour leurs enfantements,
dans leurs nations; de ceux-là les nations
se sont séparées sur terre, après le déluge.

Une impression de multitude et de diversité se dégage à la lecture de ce texte. Des trois fils de Noah, en quelques générations, la terre se trouve peuplée par de nombreux peuples différents. La mission confiée au glébeux dans le premier chapitre semble accomplie rapidement : *"Fructifiez, multipliez, emplissez la terre..."* Cette impression se renforce par une espèce de refrain qui vient à la fin de la description des enfantements de chacun des fils. Après les enfantements de Ièphèt : *"De ceux-là se sont séparées les îles des nations, en leurs terres, l'homme pour sa langue, pour leurs clans, en leurs nations."* Après ceux de Ham : *" Voici les fils de Hâm pour leurs clans, pour leurs langues, dans leurs terres, dans leurs nations."* Après la descendance de Shém : *"Voici les fils de Shém pour leurs clans, pour leurs langues, dans leurs terres, pour leurs nations."* Le refrain est encore repris comme un résumé de la descendance des trois fils : *"Voilà les clans des fils de Noah pour leurs enfantements, dans leurs nations; de ceux-là les nations se sont séparées sur terre après le déluge."*

Le mot "*séparées*" vient dans le premier et le dernier refrain. Il rappelle la façon dont Elohîms a créé par séparation dans le premier récit de la création ainsi que la façon dont IHVH-Adonaï a procédé pour que du glébeux adviennent Ish et Isha. Le travail de création semble continuer dans l'action des enfantements des fils de Noah.

Les fils deviennent des "*clans*", des "*nations*". Ces deux mots reviennent dans chacun des refrains, comme si on passait des individus à la collectivité. Les mots "*langues*" et "*terres*" apparaissent aussi chaque fois sauf langue dans le dernier refrain. Chaque nation, clan, a sa terre, son territoire, sa langue. Ces mots au pluriel indiquent une grande diversité et différence.

Tout cela se fait sur peu de générations : sur deux générations pour Ièphèt, trois générations pour Ham, cinq générations pour Shém. On pourrait voir ce tableau des peuples comme une réalisation du mot "*entre*" dans le pacte levé entre Elohîms et Noah avec ses fils :"*entre moi, entre vous et entre tout être vivant en toute chair*".

Le mot "*entre*" étant à entendre alors comme séparation, différence, diversité. Le mot "*entre*" induit aussi le lien, la relation entre les différences et est signifié dans le pacte par "*l'arc dans la nuée*". Ce second aspect n'apparaît pas vraiment dans ce texte.

Au-delà de la différence des enfantements des fils de Noah et de la différence du nombre des générations, il y a aussi la différence de la place réservée dans le texte aux trois fils de Noah. Trois lignes sont consacrées aux fils de Ièphèt, vingt et une pour les fils de Ham et douze pour les fils de Shém.

Que peut signifier la grande place donnée aux enfantements de Ham, celui qui a vu "*le sexe de son père*" et particulièrement celle donnée d'un côté à Nimrod, fils de Koush, le fils aîné de Ham à qui sont consacrées huit lignes et celle réservée à Kena'an qui compte huit lignes.

Par trois fois, il est dit de Nimrod qu'il est un héros, un héros de chasse, face à IHVH-Adonaï. Le mot héros fait penser aux "*héros de la pérennité, les hommes du Nom*" du verset 4 du chapitre 6, juste avant le déluge. Peut-être Nimrod n'a-t-il pas intégré l'expérience faite par Ham, son grand père. Il reste dans l'idéologie toute puissante de l'identité matérielle et biologique.

Il y a aussi la question de certains noms. Babel est-elle une ville ou le nom d'un fils, de même que Èrèkh, Akad et Kalné, en terre de Shin'ar? Je vois plutôt le nom des villes auxquelles viennent se rajouter par la suite, la ville de Ashour, puis celles de Ninevé, Rehobot-ville et Kalah, puis Rèssèn, entre Ninevé et Kalah. "*C'est la grande ville*".

Comment ne pas faire le rapprochement avec la ville construite par Caïn? Nimrod et ses descendants n'auraient pas intégré l'interdit de toute puissance qui permet la diversité, la différence nécessaire à chacun pour vivre l'identité relationnelle. Babel, la grande ville qui vient en tête du royaume de Nimrod est le symbole de cette toute puissance, de ce refus d'être en chemin dans la différence, dans la diversité suite au respect de l'interdit. L'épisode de la tour de Babel, construite en terre de Shin'ar, aux versets 1 à 9 du chapitre 11 expliciterait un tel positionnement.

La terre des fils de Kena'an, même si elle n'est pas nommée ainsi, pourrait être une alternative à la terre de Shin'ar. Elle tient une place importante dans les lignes consacrées aux enfantement de Kena'an. Ses frontières en sont bien précisées. *Et c'est la frontière du Kena'ani, de Sidôn à l'accès de Guerar jusqu'à 'Aza, à l'accès de Sedôm et 'Amora, Adma et Seboîm jusqu'à Lèsha.*"

Kena'ân occupe lui aussi une place particulière. Huit lignes lui sont réservées. Parmi ses fils, deux sont nommés : Sidon et Het. Pour les autres sont donnés directement les noms du clan : "*le Ieboussi, l'Emori, le Guirgashi, le Hivi, le Harqi, le Sini, le Arvadi, le Semari et le Hamati.*" Et puis est défini le territoire des descendants de Kena'an, de tous ses clans : "*Et c'est la frontière du Kena'ani, de Sidôn à l'accès de Guerar jusqu'à 'Aza, à l'accès de Sedôm et 'Amora, Adma et Seboîm jusqu'à Lèsha.*" Vient en premier le nom de Sidon, le nom du fils aîné de Kena'an mais aussi le nom d'une ville. Les autres noms qui suivent semblent aussi être le nom de villes. Mais ces villes ne semblent pas être vraiment en terre de Kena'an mais plutôt semblent en déterminer les frontières. Elles deviennent les limites d'un territoire important dans la suite du récit, celui de la terre de Kena'an vers laquelle se dirigera Tèrah avec son fils Abram, sa bru Saraï et son neveu Lot.

Que dire de particulier des enfantements de Ièphèt et de Shém? Une phrase apparaît un peu particulière : "*Pour Shém aussi, il a été enfanté, lui, le père de tous les Benéi 'Ébèr, le frère de Ièphèt le grand.*" Pourquoi dire que Shém est le père de tous les Benei 'Eber? Eber est l'arrière petit fils de Shém. Pourquoi qualifier Ièphèt de "Ièphèt le grand" alors qu'il est le fils cadet et qu'on ne signale de lui rien de particulier? Serait-ce que l'un et l'autre sont mis à une place survalorisée parce qu'ils ont refusé de voir le sexe de leur père et qu'ils pensent être dans le vrai? Pour revenir à la réalité, pour être situés à une place davantage en lien avec le chemin de la vie relationnelle, auraient-ils besoin que Kena'an se mette à leur service? Le tableau des enfantements de Shém au chapitre 11 et l'histoire de Térah et d'Abram en route vers la terre de Kena'an semblent indiquer que l'histoire va être développée à ce niveau.

Pourquoi mettre en évidence Eber. Serait-ce parce que c'est à l'époque de son fils que la terre s'est scindée? " *Pour 'Ébèr il a été enfanté deux fils: nom de l'un, Pèlèg, oui, en ses jours la terre s'était scindée. Nom de son frère: Ioqtân.*" Pour les descendants de Shém, la terre scindée voudrait-elle dire que deux chemins, deux terres se présentent à eux comme pour les descendants de Ham : une à l'image de celle de Koush, l'autre à l'image de celle de Kena'an? Quel choix vont-ils faire? Peut-être est-ce le choix que va faire Terah et après lui son fils Abram, tous deux descendants de Shém et de Pèlèg?

Ce tableau des peuples indique une règle importante pour tous les peuples de la terre, celle de la diversité et de la différence. Il indique aussi deux attitudes, l'une symbolisée par Babel et la terre de Shin'ar et l'autre par la terre de Kena'an, qui vont être développées par la suite : celle de la négation de cette différence à Babel et celle de la recherche de l'identité dans le respect de la différence, dans le respect du pacte scellé entre Elohîms et Noah avec ses fils, qui permet à chacun d'exister dans l'identité relationnelle et de donner la vie en terre de Kena'an.

> Devenir soi-même. Voilà l'autre terme de notre projet pédagogique exprimé sous le mot aventure. Comment permettre à chacun de construire son projet personnel en lien et en respect avec le projet des autres? L'inspection de l'Aide à la Jeunesse insiste depuis quelques années déjà sur le projet éducatif individualisé.
>
> La construction de ce projet est laissée à chaque institution mais il faut au minimum qu'il y en ait des traces écrites. Nous pensons que nous travaillons beaucoup dans le sens d'un projet personnel, adapté à la situation de chacun, que ce soit dans les petits faits de la vie quotidienne comme les heures du coucher, que ce soit dans des choix plus importants comme le choix d'une école, d'un

investissement dans une activité extérieure, comme la fréquence et les modalités des retours en famille.

Il y a à la fois une vie commune forte et en même temps une diversité de situations et de comportements différents. Cette diversité est en général bien acceptée. Peut-être parce qu'il y a suffisamment d'endroits où le jeune peut en parler, que ce soit à un niveau personnel dans les entretiens particuliers, que ce soit à un niveau plus collectif comme dans la réunion du jeudi où les jeunes et l'équipe éducative se retrouvent chaque semaine.

La mise par écrit de fiches du projet éducatif individualisé est surtout importante pour l'éducateur, principalement l'éducateur référent chargé de ce travail. Cela permet de prendre conscience et de vérifier la pertinence, l'évolution et surtout la cohérence du travail de l'équipe éducative adaptée à chaque jeune.

L'illusion de l'uniformité

Chapitre 11
Tour de Babèl
1. Et c'est toute la terre, une seule lèvre, des paroles unies.
2. Et c'est à leur départ du Levant,
ils trouvent une faille en terre de Shin'ar et y habitent.
3. Ils disent, l'homme à son compagnon:
« Offrons, briquetons des briques ! Flambons-les à la flambée ! »
La brique est pour eux pierre, le bitume est pour eux argile.
4. Ils disent: « Offrons, bâtissons-nous une ville et une tour,
sa tête aux ciels, faisons-nous un nom
afin de ne pas être dispersés sur les faces de toute la terre. »
5. IHVH-Adonaï descend pour voir la ville et la tour
qu'avaient bâties les fils du glébeux.
6. IHVH-Adonaï dit: « Voici, un seul peuple, une seule lèvre pour tous !
Cela, ils commencent à le faire. Maintenant rien n'empêchera pour eux
tout ce qu'ils préméditeront de faire !
7. Offrons, descendons et mêlons là leur lèvre
afin que l'homme n'entende plus la lèvre de son compagnon. »
8. IHVH-Adonaï les disperse de là sur les faces de toute la terre:
ils cessent de bâtir la ville.
9. Sur quoi, il crie son nom: Babèl,
oui, là, IHVH-Adonaï a mêlé la lèvre de toute la terre,
et de là IHVH-Adonaï les a dispersés sur les faces de toute la terre.

"*Et c'est toute la terre, une seule lèvre, des paroles unies.*" Ce verset apparaît comme si le tableau des peuples n'était pas écrit juste avant. Il dit exactement le contraire de celui-ci. Il est comme l'antithèse du tableau des peuples, présentant l'unité en opposition à la diversité et à la dispersion. Cette thèse contradictoire et opposée est mise en œuvre en terre de Shin'ar. Ce récit de "la tour de Babel" peut être compris comme explicitant le positionnement, l'attitude, le paradigme, l'idéologie du royaume de Nimrod, de la terre de Shin'ar. Cette idéologie se présente comme celle de toute la terre, alors qu'elle est seulement celle des "gens" en terre de Shin'ar. Elle se présente comme unie dans une seule lèvre, des paroles unies, alors qu'elle est seulement la lèvre et les paroles d'un seul "clan", d'une seule "nation". Une partie se prend ici pour la totalité.

Que peut produire semblable idéologie comme réalisation, comme action, comme projet? *"Ils disent, l'homme à son compagnon : "Offrons, briquetons des briques ! Flambons-les à la flambée".* La brique est pour eux pierre, le bitume est pour eux argile. Ils disent, "offrons, bâtissons-nous une ville et une tour, sa tête au ciel, faisons-nous un nom afin de ne pas être dispersés sur les faces de toute la terre.*""* Quel sens donner ici au mot *"offrons"*? Nous pouvons le rapprocher de l'action de Caïn et Ebel quand ceux-ci font venir des produits *"en offrande"* à IHVH-Adonaï. Nous avions interprété l'offrande à IHVH-Adonaï comme la confrontation à la réalité du positionnement de chacun des frères, à partir du produit de son travail. Le mot "offrons" peut indiquer ici le projet jusque dans son évaluation par rapport à la réalité. Le projet qu'ils se font, *"l'homme à son compagnon"* est d'abord mis en parole, ensuite mis en œuvre, et enfin confronté à la réalité.

Quel est ce projet? Bâtir une ville et une tour, la tête au ciel. La construction se fait à partir de matériaux évolués: la brique et le bitume deviennent pierre et argile. Leur projet peut donc être grandiose : une ville, à l'image de celle de Caïn, et une tour, sa tête au ciel. Pourquoi sa tête au ciel? Peut-on voir dans cette tour, sa tête au ciel, le symbole d'un franchissement des limites, comme si les matériaux étaient capables de faire advenir à une autre dimension, à une autre réalité symbolisée par le ciel. La tour est un peu comme le serpent dressé devant la femme au jardin d'Eden, celui qui confond et pervertit la parole. C'est un même symbole. Le projet est de se faire un nom, une identité uniquement à partir du matériel et du travail. Il y a donc ici usurpation d'identité. Ils veulent se faire un nom, se fabriquer un nom dans la sphère du matériel alors que le nom de la personne, de IHVH-Adonaï, est crié dans la sphère du relationnel, dans la réciprocité de la reconnaissance.

L'objectif final de ce projet est de ne pas être dispersés sur les faces de toute la terre. Le projet est donc de refuser ce qui est présenté dans le tableau des peuples, ce qui apparaît comme la réponse à la mission confiée dès le début par Elohîms. Il manque peut-être à la fin du tableau des peuples la phrase qu'aurait pu dire Elohîms : *"Il vit que cela était très bon."* Mais dans le récit du tableau des peuples, il n'est question ni de Elohîms, ni de IHVH-Adonaï. L'évaluation de la dispersion dans le tableau des peuples va se faire par IHVH-Adonaï dans ce récit de la tour de Babel.

Le chemin pris par les gens de la terre de Shin'ar est le même que celui de Caïn. Ou plutôt tous deux refusent de se mettre en chemin, ils refusent d'avancer, de bouger, d'advenir. Ils s'installent et s'arrêtent dans une identité. Ils s'y enferment en pensant être déjà au sommet symbolisé par le ciel. Ils pensent construire avec les règles de l'identité matérielle leur identité relationnelle.

Cette position est aussi celle des fils des Elohîms et des filles du glébeux peu avant le déluge. Ils voulaient se faire un nom en restant situés au niveau d'une seule identité qui les réduisaient les uns et les autres à l'état d'objets.

Quelle va être la réaction de IHVH-Adonaï? Qu'est-ce que cela va produire dans le réel?

"IHVH-Adonaï descend pour voir la ville et la tour qu'avaient bâties les fils du glébeux". Pourquoi indiquer que IHVH-Adonaï descend? Pour indiquer une démarche inverse à celle donnée par la construction de la tour qui monte jusqu'au ciel?

Dans nos représentations habituelles, nous voyons la terre comme le royaume de l'homme et le ciel comme le Royaume de Dieu. A la suite du serpent, lorsque nous revêtons ses lunettes, nous nous représentons Dieu comme le tout puissant qui veut garder cette toute puissance, symbolisée par la connaissance du bien et du mal, comme un privilège. Entre le ciel et la terre, il y a un abîme infranchissable. L'homme ne peut pas atteindre le ciel, la toute puissance. Dieu ne lui permet pas car il veut garder sa toute puissance, son privilège. Dieu descend pour empêcher l'homme de réaliser son projet. Chacun doit rester à sa place. Dieu accepte de quitter un instant sa place dans le ciel, de descendre sur la terre, pour remettre l'homme à la place qu'il avait voulu quitter dans un "péché" d'orgueil pour atteindre celle de Dieu dont il était jaloux. La punition est la suite logique du récit. Finalement, Dieu est un Dieu jaloux qui punit. Dans cette optique la diversité des langues et la dispersion apparaissent comme négatives, mauvaises.

Et si nous quittons les lunettes du serpent? Prenons deux exemples dans la réalité récente.

> Une seule lèvre et des paroles unies sont le symbole d'une parole toute puissante, d'une idéologie totalitaire, par exemple dans le cas du communisme en URSS, ou encore celui de la doctrine de l'Église présentée comme la vérité absolue. IHVH–Adonaï qui descend pour voir est le symbole d'une réalité qui fait s'écrouler de l'intérieur tout le système, dans la confusion des langues. Peu à peu les gens ne se reconnaissent plus dans la parole toute puissante, ils ne se comprennent plus, ils ne veulent plus se comprendre. Ils se retrouvent à mille lieux des paroles officielles. Le système en URSS s'est révélé une coquille vide qui ne tenait que par habitude et par un squelette de structure. La religion chrétienne, dans les pays occidentaux, se retrouve elle aussi de plus en plus vide de ses croyants. Les gens ne se reconnaissent plus dans les paroles, dans les actes, dans les symboles. Ceux-ci ne font plus sens. Tout s'écroule de l'intérieur parce que *"l'homme n'entend plus la lèvre de son compagnon."*

IHVH-Adonaï descend, c'est-à-dire la dignité de chacun se réveille, se remet en chemin, vient rejoindre celui qui est enfermé dans une identité générique, celle d'individu. Cette dignité devient route pour devenir personne en relation en rejetant et en se libérant de la pensée, de la parole totalitaire qui enferme chacun dans un statut d'objet, de marionnette, d'individu. Par la différence et la diversité on passe de la condition d'individu où chacun est le même, à la condition de personne où chacun est différent, unique.

"*IHVH-Adonaï descend pour voir la ville et la tour qu'avaient bâties les fils du glébeux.*" Pourquoi l'expression "*les fils du glébeux*" revient-elle à cet endroit du récit alors qu'elle n'avait plus été employée depuis pas mal de versets? Pourquoi ne pas rester avec le "*ils*" ou bien "*l'homme et son compagnon*"? L'expression "*fils du glébeux*" indique aussi le non chemin dans lequel se sont fourvoyés, perdus, pervertis les "gens". Ils sont restés enfermés dans une identité générique. En s'arrêtant en chemin, en devenant une seule lèvre, en construisant une ville et une tour, sa tête aux cieux, l'homme et son compagnons redeviennent fils du glébeux. Face à cette identité générique, IHVH-Adonaï doit réagir. Face à lui, ne peut exister une identité générique telle qu'elle est définie par "*fils du glébeux*" comme cela avait déjà été impossible avec "*les fils des Elohîms et les filles du glébeux*" peu avant le déluge. Là aussi IHVH-Adonaï avait réagit. "*Les fils des Elohîms voient les filles du glébeux: oui, elles sont bien. Ils se prennent des femmes parmi toutes celles qu'ils ont choisies. IHVH-Adonaï dit: « Mon souffle ne durera pas dans le glébeux en pérennité.*»" IHVH-Adonaï est le symbole de l'identité relationnelle.

« *Voici, un seul peuple, une seule lèvre pour tous ! Cela, ils commencent à le faire.*" D'abord le constat. "*Maintenant rien n'empêchera pour eux tout ce qu'ils préméditeront de faire !*" Ensuite le jugement. "*Offrons, descendons et mêlons là leur lèvre afin que l'homme n'entende plus la lèvre de son compagnon.*" Enfin le projet.

Constat, jugement, projet de IHVH-Adonaï. Constat, jugement, projet de la conscience, de la dignité de la personne qui se réveille. Nous pouvons voir dans les révolutions du monde arabe contre les dictatures comme une démarche semblable. Les gens n'acceptent plus d'être considérés comme des individus dans un régime totalitaire mais veulent être reconnus comme des personnes prenant leur vie en main.

La ville bâtie par Caïn est le symbole du non chemin fait par Caïn et donc l'installation dans une situation de mort qui mène à la proclamation de Lèmèkh : "*Oui, j'ai tué un homme pour ma blessure, un enfant pour ma plaie. Oui, Caïn subira vengeance sept fois et Lèmèkh soixante-dix et sept*". La ville de Babel devient le symbole du refus de continuer le chemin vers la diversité, la différence et la dispersion qui permettent la rencontre de l'autre et donc la construction de l'identité relationnelle. Est-ce que la ville va rester un symbole négatif dans le reste de la bible?

IHVH-Adonaï crie le nom de la ville seulement à la fin, quand la construction de celle-ci et celle de la tour sont empêchées parce que les lèvres ont été mêlées et que les hommes ont été dispersés. Auparavant quand la tour allait jusqu'au ciel, elle n'avait pas de nom. Quand la construction s'arrête, elle reçoit un nom. Ce nom peut sembler péjoratif car il révèle le non entendement du langage. Il peut au contraire être perçu positivement car il amène la dispersion. Le nom "Babel" signifie "porte de Dieu". Ce n'est pas la tour qui est la porte vers le ciel, vers la demeure de IHVH-Adonaï, mais la multiplication des langues et la dispersion. Celles-ci deviennent la porte, le chemin vers "Dieu", vers "El", vers la vie relationnelle en lien avec la vie matérielle et biologique. La terre devient ainsi demeure de IHVH-Adonaï, porte d'El.

La confusion du langage et la dispersion ne sont pas une punition négative mais une remise dans le chemin qui conduit à la vie, à l'image de tous les clans et de toutes les nations qui se dispersent par toute la terre.

Aujourd'hui la mondialisation nous entraîne dans la toute puissance de l'économie, de la loi du marché et de la finance. L'anglais est devenu la langue de cette toute puissance. "*Maintenant rien n'empêchera pour eux tout ce qu'ils méditeront de faire.*" Quelle plus belle définition de la toute puissance. IHVH-Adonaï représente l'identité relationnelle, celle qui a besoin de l'interdit pour exister, pour être respectée dans sa croissance de vie. Cet interdit est le droit, voire le devoir, à la différence. La vie naît alors de la recherche et du dialogue dans le respect de chacun. Quel est le rôle de IHVH-Adonaï face à cette toute puissance de l'économie, du marché, de la finance?

Aujourd'hui, la tour la plus haute est le symbole du mythe de la croissance et du progrès au niveau matériel pour faire accéder au bonheur. Les tours jumelles de New York ont été longtemps le symbole d'une économie, d'un marché et de la finance tout puissants. L'anglais est la langue au service de cette toute puissance du matériel et des objets, une "seule lèvre". L'argent, la monnaie, la bourse sont "paroles unies". Les tours de World Trade Center se sont écroulées par les attaques extérieures de terroristes qui contestaient cette toute puissance. Le record de hauteur d'une tour dont "la tête au ciel"s'est déplacé vers les pays du golf à Dubaï. Il reviendra certainement à New York dans la construction des projets de "Ground Zero". La construction de la mondialisation est cette ville et cette tour en terre de Shin'ar qui se prend pour toute la terre.

Mais cette toute puissance d'un capitalisme triomphant ne va-t-elle pas s'écrouler de l'intérieur par la répétition de plus en plus rapprochée des différentes crises à commencer par celle des banques, de l'économie, de la croissance, du dérèglement climatique, de la biosphère, de la bio diversité…? Les gens vont-il rester ou devenir davantage marionnettes ou esclaves d'une société de consommation qui les asservit en leur faisant croire que le bonheur au niveau relationnel donc humain est de devenir des consommateurs toujours plus puissants? Si le système ne s'écroule pas de l'intérieur par le réveil des personnes et de la conscience citoyenne, devons-nous attendre un déluge, une catastrophe qui viendra d'une terre surexploitée, martyrisée, exsangue comme dans le récit de Noah à l'époque du déluge? IHVH-Adonaï et Babel? Elohîms et le déluge? Quel choix?

Dans la plupart des familles des jeunes, la pièce de séjour est garnie d'un immense écran plat qui fonctionne à longueur de journée. Lors de nos visites, les images défilent, indifférentes à la vie mais omniprésentes et envahissantes. L'écran plat est comme le nouveau saint sacrement de la religion du virtuel qui fait entrer dans l'illusion du paraître, de la superficialité, de la forme. Dans cette religion, il n'y a plus la profondeur, la matérialité, la consistance, la vérité, l'ouverture, l'interaction de la vie.

La civilisation de l'image pénètre de plus en plus les multiples recoins de notre habitat et aussi ceux de notre cerveau. Il n'y a plus que le paraître qui devient important. Et devant ce paraître nous ne sommes plus que spectateur, consommateur, voyeuriste peut-être?

Il y a encore très peu d'écrans plats dans notre maison et ceux-ci se cachent dans les bureaux au service du travail administratif. Il est parfois difficile pour les éducateurs de ne pas se laisser capter par l'image et de disparaître de la vie des jeunes et du travail éducatif.

Les jeunes de la maison ne semblent pas beaucoup regretter l'immense écran de chez papa ou maman ni le petit souvent éteint de la salle de télévision. Ils préfèrent un vingt et un sur le terrain de minifoot avec les copains plutôt que le spectacle d'une finale enfoncés dans un fauteuil trop moelleux. Les multiples projets rendus possibles par la présence des éducateurs et des copains sont eux bien réels et donc plus passionnants... même si parfois la tentation de regarder la vie des autres est plus forte que le travail pour construire la sienne.

La croix, nouvel arbre de vie

Une autre ville deviendra le lieu d'aboutissement d'un chemin accompli jusqu'au bout dans le respect de la différence et de la diversité, celui de Jésus depuis l'annonce de la bonne nouvelle du Royaume des cieux annoncée aux pauvres jusqu'à sa mort sur la croix à Jérusalem. Le chemin continue par delà la mort dans la résurrection et la vie partagée avec ses disciples jusqu'à son ascension au ciel et son retour auprès du père. Ce chemin accompli permet à chacun de devenir lui-même grâce à une parole rendue compréhensible par la venue du souffle de l'Esprit qui reconnaît chacun dans sa particularité et sa différence. A chacun de se mettre à son tour en chemin. Cette ville est celle de Jérusalem le jour de la Pentecôte dans le récit des actes des Apôtres au chapitre 2, 1-13, lorsque les disciples, après le départ de Jésus vers son père attendent la réalisation de la promesse d'être immergé dans le souffle sacré.

"Quand se remplit le jour de la Pentecôte, ils étaient tous ensemble dans un même lieu. Et c'est tout d'un coup un bruit du ciel, comme la venue d'un souffle violent; il

remplit toute la maison où ils siègent. Leur apparaissent des langues, comme de feu; elles se partagent et se posent une sur chacun d'eux. Ils sont tous remplis du souffle sacré. Ils commencent à parler en d'autres langues, selon ce que le souffle leur donne d'énoncer. Or à Jérusalem séjournent des Juifs, des hommes fervents de toutes les nations sous le ciel. Comme cette voix surgit, une grande multitude se réunit, stupéfaite parce que chacun les entend parler dans son propre dialecte. Ils sont bouleversés, ils s'étonnent et disent : "Voici, ces parlants ne sont-ils pas tous de Galilée. Comment donc les entendons-nous, chacun dans son propre dialecte, celui de sa terre natale? Parthes, Mèdes, Elamites, habitants d'Arâm-Naharaïm, de Judée, de Cappadoce, du Pont, d'Asie, de Phrigie, de Pamphilie, d'Egypte, et des provinces de Lybie proche de Cyrène et ceux qui résident à Rome, Juifs et prosélytes, Crétois et Arabes, voici, nous les entendons raconter dans nos langues les grandeurs d'Elohîms." Ils sont tous stupéfaits, perplexes. Ils se disent les uns aux autres : "Qu'est-ce que cela peut être?" D'autres se moquent et disent : "Ils sont pleins de vin doux."

Nous pouvons rapprocher ce souffle sacré du souffle d'Elohîms qui planait sur les faces des eaux au verset 2 du premier chapitre de la Genèse, de celui que fait passer Elohîms sur la terre quand les eaux du déluge se modèrent au verset 1 du chapitre 8 et de celui que Jésus voit descendre sur lui comme une palombe juste après son baptême par Jean. Le souffle sacré apparaît ici sous la forme de langues, comme de feu, qui se posent sur chacun d'eux. Et ces langues leur permettent de parler en une langue que chacun, venu de toutes les nations sous le ciel, entend dans son propre dialecte.

Lorsque IHVH-Adonaï descend à Babel, la lèvre unique se mêle, au point que l'homme n'entend plus la lèvre de son compagnon. Un langage unique est remplacé par des langages multiples qui ne permettent plus de s'entendre. Lorsque le souffle sacré descend, il ne s'agit plus d'une lèvre mêlée, mais de langues qui se partagent et se posent sur chacun. Grâce au souffle sacré, la parole des disciples est entendue dans chacun des dialectes, des langages multiples. Cela permet d'entendre quoi? Les merveilles d'Elohîms.

Ces merveilles d'Elohîms sont racontées dans le discours de Pierre qui suit notre récit et que l'on peut résumer par le dernier verset de ce discours, le verset 36 : "*Que toute la maison d'Israël le pénètre donc avec certitude : Adôn lui-même et Messie, Elohîms l'a fait ce Jésus que vous, vous avez crucifié*".

En quoi les merveilles d'Elohîms se résument-elles en cette phrase : "Elohîms a fait de Jésus que vous avez crucifié l'Adôn lui-même et le Messie"? Avant de répondre à cette question posons nous une autre question : qu'est-ce qui empêche de voir dans cette parole de Pierre une seule lèvre, des paroles unies, comme au début du récit de la Tour de Babel et faire du processus du jour de la Pentecôte un processus inverse à celui de Babel? Qu'est-ce qui empêche de faire de ce Jésus, Adôn et Messie, une lèvre toute puissante qui nierait la différence et la diversité? Peut-être au cours de l'histoire de l'Église sommes-nous tombés dans ce piège lorsque nous avons fait de la parole de Jésus une doctrine et un dogme unique et tout puissant?

Le danger de tomber dans ce piège mais aussi le vaccin pour éviter ce piège peuvent se découvrir dans la dernière phrase du discours de Pierre. *"Ce Jésus que vous avez crucifié, Elohîms l'a fait Adôn lui-même et Messie"*. Cela dépend si nous portons les lunettes du serpent ou celles du souffle sacré.

Jésus, reconnu à la fois comme "fils de l'Homme" et comme "ben Elohîms-fils de Dieu", comme Homme et comme Dieu, reçoit le titre d'Adôn et celui de Messie. En la personne de Jésus sont réunis de façon complexe Elohîms et Adon(aï) et cela est signifié par le mot Messie. Le mot "Messie" reconstitue en quelque sorte IHVH-Adonaï Elohîms du chapitre 2 de la genèse et que l'on peut retrouver dans l'exclamation de l'apôtre Thomas lorsqu'il découvre les traces des clous dans les mains et les pieds du corps de Jésus ressuscité au verset 20, 28 de l'Évangile de Jean : *"Adonaï Elohaï"*, que l'on peut traduire par *"mon Seigneur et mon Dieu"*. Tant le nom de Jésus que le titre de messie signifie "celui qui sauve". Celui qui sauve en étant serviteur de serviteurs, sur la terre de Kena'an.

Le chemin pour être reconnu comme Seigneur, comme Messie, aboutit à Jérusalem mais passe par la croix : *"Ce Jésus que vous avez crucifié"*. C'est le chemin du serviteur. En Jésus, Dieu lui-même devient serviteur comme l'Homme devient serviteur. Ce chemin qui passe par la croix inscrit au cœur même de l'Homme et au cœur même de Dieu l'interdit de l'arbre de la connaissance du bien et du mal. La croix devient le symbole de l'interdit respecté jusqu'au bout, tant par l'Homme que par Dieu et débouchant sur la vie à la résurrection, la vie relationnelle de Dieu et de l'Homme. Le non respect de l'interdit par ceux qui ont crucifié Jésus entraîne la mort physique et biologique de Jésus. Le respect de l'interdit jusqu'au bout par Jésus conduit à la résurrection, c'est-à-dire à la renaissance ou plutôt à la reconnaissance de la vie relationnelle par ceux qui ont suivit Jésus dans son chemin. La croix devient l'image d'un nouvel arbre reprenant en lui l'image de l'arbre interdit devenant de façon claire l'image de l'arbre de la vie relationnelle.

Ce point d'aboutissement du chemin accompli par Jésus devient le point de départ pour ceux qui entrent dans la reconnaissance lorsque vient demeurer en eux le souffle sacré. Ce point de départ est offert à tous ceux qui veulent s'y engager suite au discours de Pierre. *"Ils l'entendent, ils sont piqués au cœur et disent à Petros et aux autres envoyés : "Que devons-nous faire, hommes frères?" Petros leur dit : "Faites retour! Que chacun d'entre vous se fasse immerger au nom de Ieshoua le messie pour la remise de ses fautes : vous recevrez en don le souffle sacré..."'"* (2, 37-38)

Ils sont piqués au cœur. Le langage de Pierre et des autres disciples que chacun entend dans son propre dialecte est le langage du cœur, du cœur à cœur même, le langage de la vie relationnelle. *"Faites retour... pour la remise de vos fautes."* Revenez en arrière pour découvrir l'erreur, la confusion des arbres, des vies, des identités. Voilà votre faute, voilà votre erreur. A la suite de Jésus, mettez-vous en chemin, immergez-vous, mettez-vous en condition pour une nouvelle naissance, pour une re-naissance qui entraîne la re-con-naissance, celle rendue possible par la réception du souffle sacré qui permet le parler en langue, le langage du cœur, celui de la vie relationnelle.

> Edgar Morin, à plusieurs endroits de ses écrits, se pose la question fondamentale : "qui éduquera les éducateurs" pour qu'ils deviennent capables de faire sortir d'un état qui aveugle l'homme sur les problèmes de notre civilisation menant l'humanité à la perdition pour faire entrer dans un autre état qui offre à notre planète, à la société et à la civilisation une nouvelle chance de vivre. Combien de fois nous sommes-nous posé la même question pour répondre aux situations de plus en plus folles des jeunes et des familles avec qui nous travaillons?
>
> La réponse est peut-être le souffle sacré, celui qui se révèle dans la relation éducative lorsque est remis au cœur de celle-ci l'interdit fondamental, l'inter-dit qui permet à chacun de donner vie à l'autre, d'être éducateur de l'autre. C'est le jeune qui permet à l'éducateur de devenir, c'est l'éducateur qui permet au jeune de grandir... dans la mesure où la dynamique mise en œuvre est celle du souffle sacré.
>
> C'est la même dynamique, une dynamique de réciprocité, qui permet au père de devenir père dans la reconnaissance du fils et qui permet au fils de devenir fils dans la reconnaissance du père, comme Homme et comme Dieu, comme personne tout simplement.

L'agneau, symbole de reconnaissance

La même ville nous est donnée en symbole au bout d'un parcours accompli jusqu'au bout non seulement par Jésus mais accompli à la fois par Dieu et les hommes dans une relation complexe tout au long de la bible. Cette ville apparaît à la fin du dernier livre de la bible, celui de l'apocalypse au chapitre 21 et 22 dont voici quelques extraits: "*L'un des sept messagers... me transporte sur une montagne grande et haute. Il me montre la cité du sanctuaire, Jérusalem. Elle descend du ciel d'auprès d'Elohîms. Elle a la gloire d'Elohîms. Sa lumière est semblable à une pierre très précieuse, à une pierre de jaspe, claire comme du cristal. (21, 10-11)*

De sanctuaire, je n'en vois pas là. Oui, IHVH-Adonaï Elohîms Sebaot est son sanctuaire, et l'agneau. La cité n'a besoin ni de soleil ni de lune pour l'éclairer : oui, la gloire d'Elohîms l'illumine. Sa lampe : l'agneau. (21,21-22)

Il me montre un fleuve d'eau de la vie, resplendissant comme du cristal ; il jaillit hors du trône d'Elohîms et de l'agneau. Au milieu de la place et du fleuve, en deçà et au-delà, un arbre de vie faisant fruit : douze. Chaque mois il donne son fruit, et les feuilles de l'arbre sont une guérison pour les païens. Il n'est plus d'interdit. Le trône d'Elohîms et de l'agneau est là, ses serviteurs le serviront. Ils verront sa face, son nom sur leur front. (22, 1-4)"

Le livre de l'apocalypse est écrit dans un langage particulier. Il ne se présente pas sous l'aspect d'un récit "historique" comme la plupart des récits de la bible ou sous l'aspect d'un récit "mythique" comme par exemple le livre de la genèse. Il se présente comme une vision peuplée d'images extraordinaires, fantastiques, imaginaires. Elles sont en quelque sorte un point extrême du langage symbolique. Elles veulent par un récit, par des images, comme la plupart des récits de la bible, dire, exprimer, dévoiler, révéler des relations, donner le sens d'expériences de vie ou de mort.

Face à un tel livre, le danger est de prendre le récit à la lettre et y voir des événements à venir, ou plus subtilement de le lire pour découvrir les événements historiques cachés que raconte le texte dans un langage codé. Nous découvririons alors les événements sur lesquels se sont appuyés ceux qui voulaient partager et communiquer le sens de leur expérience mais nous passerions alors à côté de ce sens.

Je ne prends ici que quelques extraits dont les images utilisées sont proches de celles que nous avons découvertes et travaillées dans notre recherche jusqu'ici.

Le jardin d'Eden présenté dans le chapitre deuxième de la genèse cède la place à une ville, la Jérusalem céleste, dans les deux derniers chapitres de la bible. Le fleuve ne sort plus de l'éden pour se séparer en quatre têtes, il jaillit maintenant du trône d'Elohîms et de l'agneau. Il n'y a plus qu'un arbre, un arbre de vie au milieu de la place et du fleuve. "*Il n'est plus d'interdit.*" L'arbre de la connaissance du bien et du mal aurait-il disparu? Celui-ci ne serait-il plus nécessaire? N'y aurait-il plus besoin d'un inter-dit pour qu'une parole de reconnaissance puisse faire exister la vie relationnelle? "*Le trône d'Elohîms et de l'agneau est là, ses serviteurs le serviront. Ils verront sa face, son nom sur leur front.*" Comme cela est écrit, il semble n'y avoir qu'un trône, celui d'Elohîms et de l'agneau, assis tous les deux sur un même trône. Il semble n'y avoir qu'une face : "*ils verront sa face*" de même aussi qu'un seul nom inscrit sur leur front puisque ce nom est au singulier "*son nom*". La face d'Elohîms et de l'agneau ne serait-elle qu'une même face? Le nom d'Elohîms et de l'agneau ne serait-il qu'un seul et même nom.

"*Le trône d'Elohîms et de l'agneau est là.*" Il semble que ce soit ce trône qui occupe maintenant la place de l'arbre interdit. Le trône d'Elohîms et de l'agneau jouerait-il la même fonction que l'arbre interdit?

Qui est cet agneau? Remontons plus avant dans le texte au chapitre 5 dont je retiens trois versets : "*Et je vois au milieu du trône et des quatre Vivants, et au milieu des Anciens, un agneau debout, comme égorgé. (5, 6)...Ils chantent un poème nouveau et disent : "Tu vaux pour recevoir le volume, et pour ouvrir les sceaux, parce que tu as été égorgé et que tu as racheté pour Elohîms, par ton sang, toute tribu, langue, peuple, nation". (5, 9)..."A l'Assis sur le trône et à l'agneau, la bénédiction, la splendeur, la gloire, le pouvoir pour les pérennités de pérennités*". (5, 13)

L'agneau a été égorgé. Son sang a été répandu. Par son sang, il a racheté toute tribus, langue, peuple, nation..., les nations dispersées à la fin du récit de la tour de Babel, les nations présentes à Jérusalem le jour de la Pentecôte... L'agneau rejoint en quelque sorte le crucifié, ce Jésus établi Seigneur et Messie. Le verset 1 du chapitre 14 l'exprime clairement : "*Je vois, et voici, l'agneau debout sur le mont Sion, avec lui les cent quarante quatre mille qui ont son nom et le nom de son père écrits sur leurs fronts.*" (14, 1) Le père et le fils sont à la fois deux. Il y a le nom du fils et le nom du père. Mais il sont en même temps un, sur un même trône, avec une face et un nom comme exprimé au verset 4 du chapitre 22.

Le nom est écrit, mais quel est ce nom écrit? Cela n'est pas dit dans le récit mais ce ne peut être que le nom imprononçable, IHVH prononcé Adonaï, que l'on adresse à la fois au père et au fils et qui est crié pour la première fois au chapitre 4, verset 26 de la genèse : "*Pour Seth aussi il a été enfanté un fils. Il crie son nom : Enosh. Alors le nom de IHVH-Adonaï commençait à être crié.*"

Ici, le nom n'est pas crié. Il est inscrit sur le front des cent quarante quatre mille, chiffre symbolique de douze fois douze mille qui signifie tous ceux qui se laissent rejoindre par le souffle sacré, qui s'engagent sur le chemin de IHVH-Adonaï, qui se reconnaissent comme personne, comme fils de Dieu et fils de l'Homme.

Sur le trône sont côte à côte le père et le fils, l'Homme et Dieu, chacun comme personne symbolisée par l'agneau égorgé. C'est le sang répandu qui devient signe du chemin pour advenir comme personne, qui joue le rôle de l'arbre interdit, qui inscrit au cœur de l'homme et au cœur de Dieu l'inter-dit fondamental. Il n'y a plus un interdit extérieur symbolisé par l'arbre de la connaissance du bien et du mal mais un interdit intériorisé au cœur de chacun dans son chemin pour se reconnaître personne et symbolisé par l'agneau égorgé, par la croix du crucifié. Voilà le cœur, le milieu, la lumière, le sanctuaire, la lampe de la Jérusalem céleste.

Cette Jérusalem céleste descend du ciel en contre point d'une autre grande ville décrite en long et en large dans le livre de l'apocalypse et dont les versets 2 et 10 du chapitre 18 proclament la fin : "*"Oïe! Oïe! La cité, la grande, Babel, la cité, la forte! En une heure, ton jugement est venu!*" (18, 10) Elle est tombée, elle est tombée, Babel, la grande! (18, 2).*"

Une seule lèvre, des paroles unies, c'est fini. Le projet de la ville et de la tour comme dictature avant Babel, c'est fini. A la place, la Jérusalem céleste.

Se sont écroulées ou s'écroulent aussi les dictatures de la politique, de l'économie, de l'idéologie, de la doctrine. La ville et la tour, dont la tête au ciel, n'existent plus. A la place doit advenir la Jérusalem céleste. Le trône de cette nouvelle cité, de cette nouvelle organisation entre les hommes n'est plus de l'ordre de la dictature mais de l'ordre du trône dont le symbole est l'agneau égorgé. "*A l'Assis sur le trône et à l'agneau, la bénédiction, la splendeur, la gloire, le pouvoir pour les pérennités de pérennités.*"

Quelle clef pouvons-nous trouver pour construire une société entre les hommes qui ne conduise pas à la dictature mais qui permette la différence, la diversité et la dispersion dans une relation où l'on peut s'entendre, se comprendre et se reconnaître? Cette clef est l'interdit inscrit au cœur de la bénédiction, de la splendeur, de la gloire, du pouvoir. Celui-ci ne s'exerce plus comme une domination mais comme un service. Devenir chef, c'est devenir serviteur de serviteurs.

Par exemple, aujourd'hui, dans nos démocraties, la séparation des pouvoirs législatif, exécutif et judiciaire est une façon d'incarner l'interdit dans l'organisation des relations permettant à chacun de se reconnaître et d'être reconnu comme personne. Encore faut-il que chacun de ces pouvoirs ne se fassent pas soumettre par un autre pouvoir par exemple celui de la finance, de l'économie, des marchés… qui ramène la dictature de la vie matérielle et biologique au détriment de la vie relationnelle.

C'est aussi et peut-être d'abord parce que cet interdit s'inscrit au cœur de chacun que la société peut se construire comme société de vie relationnelle, pas seulement pour que la dictature s'écroule mais pour que la vie relationnelle advienne pour tous.

Le premier travail de l'éducateur, la condition sine qua non pour qu'il puisse éduquer, n'est-il pas un travail sur lui-même. Pour pouvoir inscrire l'inter-dit au cœur de la relation éducative, ne doit-il pas l'inscrire au cœur de son propre cœur. Voilà l'arbre de vie, la croix dressée, le trône de l'agneau.

Dans notre travail de prise de recul, la découverte s'est faite au fil des pages, au long de la démarche de lecture à plusieurs des "Souvenirs autobiographiques de Don Bosco. Parmi les défis racontés et surmontés dans le récit des quarante premières années de sa vie, le plus important a été le travail sur lui-même. Don Bosco a dû passer d'une attitude fondamentale de séduction à une attitude d'éducation. Alors que dans un premier temps, il amenait les jeunes à lui-même pour les amener à Dieu, il a dû découvrir qu'il devait les amener à Dieu pour qu'il puisse advenir à eux-mêmes. Ce passage s'est fait jusqu'au bout, lorsque aux portes de la mort, il a accepté de mourir, symboliquement au service de lui-même, pour vivre pleinement au service des jeunes. Ce faisant il se mettait en même temps au service de lui-même pour advenir comme éducateur, comme "père", comme "saint".

Ce passage de la séduction à l'éducation est le chemin indispensable de chaque éducateur et de chaque équipe éducative, dans un travail jamais terminé, jamais totalement accompli… pour qu'il y ait vie. Quand le travail s'arrête, la vie s'arrête.

Un long fleuve tranquille

Enfantements de Shém
10. Voici les enfantements de Shém: Shém a cent ans,
il fait enfanter Arpakhshad, deux ans après le déluge.
11. Shém vit, après avoir fait enfanter Arpakhshad, cinq cents ans.
Il fait enfanter des fils et des filles.
12. Arpakhshad vit trente-cinq ans. Il fait enfanter Shèlah.

13. Arpakhshad vit, après avoir fait enfanter Shèlah, quatre cent trois ans. Il fait enfanter des fils et des filles.
14. Shèlah vit trente ans. Il fait enfanter 'Ébèr.
15. Shèlah vit, après avoir fait enfanter 'Ébèr, quatre cent trois ans. Il fait enfanter des fils et des filles.
16. 'Ébèr vit trente-quatre ans. Il fait enfanter Pèlèg.
17. 'Ébèr vit, après avoir fait enfanter Pèlèg, quatre cent trente ans. Il fait enfanter des fils et des filles.
18. Pèlèg vit trente ans. Il fait enfanter Re'ou.
19. Pèlèg vit, après avoir fait enfanter Re'ou, deux cent neuf ans. Il fait enfanter des fils et des filles.
20. Re'ou vit trente-deux ans. Il fait enfanter Seroug.
21. Il vit, après avoir fait enfanter Seroug, deux cent sept ans. Il fait enfanter des fils et des filles.
22. Seroug vit trente ans. Il fait enfanter Nahor.
23. Seroug vit, après avoir fait enfanter Nahor, deux cents ans. Il fait enfanter des fils et des filles.
24. Nahor vit vingt-neuf ans. Il fait enfanter Tèrah.
25. Nahor vit, après avoir fait enfanter Tèrah, cent dix-neuf ans. Il fait enfanter des fils et des filles.
26. Tèrah vit soixante-dix ans. Il fait enfanter Abrâm, Nahor et Arân.

Les enfantements de Shém jusqu'à Abram, Nahor et Arân se déroulent sur dix générations. A chaque génération depuis Shém jusqu'à Tèrah, père d'Abram, Nahor et Arân, il n'est signalé qu'un enfant dont on peut supposer que c'est un fils puisqu'il fait enfanter, même si cela n'est pas indiqué clairement qu'il s'agit d'un fils. Alors que dans le tableau des peuples beaucoup de "fils" étaient recensés pour indiquer la dispersion et la diversité, ici l'auteur s'en tient à un "fils" pour indiquer la filiation de "père" en "fils".

Ces enfantements rejoignent ceux de Adam à Noah en passant par Seth au chapitre 5. Nous pouvons observer des éléments similaires. De Adâm à Noah, il y a aussi dix générations. Nous retrouvons le même refrain "*Il fait enfanter fils et filles.*" L'absence des femmes est identique. Nous pouvons aussi constater l'absence des noms d'Elohîms et de IHVH-Adonaï si l'on excepte dans la généalogie d'Adam à Noah le nom d'Elohîms lorsqu'il crée Adâm et le nom de IHVH-Adonaï dans la phrase prononcée par Lèmèkh concernant son fils Noah. Des deux côtés, excepté pour Noah, il n'est pas signalé que les personnes enfantées sont des fils. Leur nom est seulement signalé.

De ces ressemblances nous pouvons en déduire des conclusions similaires à celles dégagées dans les enfantements d'Adâm. L'objectif est la transmission de génération en génération, des parents à leur enfant, en situant chacun de façon semblable dans une espèce d'identité générique. L'identité de Abram, Nahor et Arân est celle héritée de Shém.

Nous pouvons observer aussi des différences. Il n'est pas signalé dans les enfantements de Shém que la personne meurt. Après avoir indiqué le nombre d'années de vie de chacun après l'enfantement, il manque le refrain où on indique le nombre total des années de vie suivi de l'expression "*et il meurt.*" Cela rend la mort beaucoup moins visible.

Les âges sont beaucoup moins élevés dans les enfantements de Shém que dans ceux d'Adâm. Sauf pour Shém qui enfante à cent ans et Térah qui enfante à septante ans, l'âge des enfantements varie de vingt neuf à trente cinq ans. Ces âges correspondent à ceux que nous pouvons connaître aujourd'hui. Les années vécues par la suite sont encore excessives par rapport à la réalité mais de façon moins importante que pour les descendants d'Adâm. Le récit en devient plus réaliste et nous pouvons nous situer dans une perspective plus historique.

Si l'on fait le compte des différents âges des personnes lors de l'enfantement et leur durée de vie, toutes les personnes sont encore vivantes à la naissance d'Abram, Nahor et Arân. Dix générations sont présentes en même temps alors que ce n'était pas le cas pour Lèmèkh et Noah.

De ces différences se dégage une impression globale d'être dans une vie sans histoire, dans le meilleur des mondes, sur un long fleuve tranquille. Il n'y a ni péripétie, ni incident, ni accident. La vie se transmet de façon automatique. Ceci serait-il la conséquence logique de l'attitude de Shém et Ièphèt qui ont refusé de voir la nudité de leur père Noah?

Mais si ce refus est compris, ainsi que nous l'avons interprété comme le refus de connaître le secret de la vie, la vie transmise ainsi de façon automatique n'est pas la vraie vie, la vie relationnelle. Elle n'est que l'illusion de celle-ci. Elle se construit comme dans une douce euphorie proche de l'inconscience voire de l'ignorance. Elle cache la mort pour donner l'illusion que tout va bien.

Un petit indice se trouve au milieu de cette généalogie. De Shém à Pèlèg, il y a cinq générations, du fils de Pèlèg à Abram, il y a aussi cinq générations. Dans le tableau des peuples, il est indiqué "*Pour Eber il a été enfanté deux fils : nom de l'un, Pèlèg, oui, en ses jours la terre s'était scindée. Nom de son frère : Ioqtân. Ioqtân fait enfanter...*" Dans le tableau des peuples les enfantements se prolongent par Ioqtân et non par Pèlèg. Et il était signalé : "*Il y a en ces jours une scission de la terre.*" Voilà la scission : d'un côté Ioqtân et la dispersion, la diversité à travers les treize fils engendrés et de l'autre Pèlèg dont on ne parle pas de descendance. Le tableau des peuples fait l'option de la différence et de la diversité.

Pourquoi dans les enfantements de Shém continue-t-on par Pèlèg et non par Ioqtân? Il y a ici une autre option, peut-être à l'image de celle exprimée par la ville et la tour avant Babel : il y aurait ici comme le refus de la diversité et de la dispersion d'une génération à l'autre. Dans les enfantements, il y aurait seulement reproduction dans le semblable, dans la similitude.

Notre société cache la mort, l'efface, la réfugie aux marges ou dans les images. Elle donne l'illusion d'une vie qui échappe à la mort dans l'uniformité de la consommation. Ce faisant ne refuse-t-elle pas de voir le chemin de la "vraie" vie, de la vie relationnelle? L'illusion du tous semblable dans la mode?

Notre société cache aussi la crise et quand celle-ci ne peut être cachée, elle disparaît le plus souvent sous une accumulation de divertissements. Ceux-ci ont pour effet de nous détourner, de nous faire oublier, de nous endormir, de nous voiler la face.

Lorsque l'enfant est placé, le conflit familial diminue, s'apaise, s'oublie par la mise à distance géographique. Si les problèmes ne sont pas affrontés dans un vrai travail d'éducation, il est facile de croire que tout va mieux, que l'enfant grandit, que les relations familiales s'améliorent. Les retours en week-end peuvent être les plus fréquents possibles, cela fait moins de travail pour l'équipe du week-end. Pour ceux qui restent, on occupe le temps par des loisirs de consommation, par la vision de DVD, par les permissions faciles de sorties… en demandant simplement le calme, que tout se passe bien, qu'il n'y ait pas d'ennuis.

Et lorsque ceux-ci arrivent, que les choses tournent mal, on peut toujours dire que c'est la faute de la famille, des parents, des jeunes, de la société. Ou bien on se fait porter malade, on tombe en dépression, on choisit une autre orientation.

Bien souvent le sens du travail se perd, le goût de l'effort s'estompe, le côté pénible doit disparaître. Le conflit fait peur, la crise angoisse, l'avenir s'efface un peu comme le passé au profit de l'instant présent. Lorsque le divertissement ne suffit pas, il reste encore tous les produits de substitution qui installent la paix, l'euphorie, le plaisir, le bonheur, comme par magie, comme par miracle.

Les dérivatifs sont nombreux pour transformer un torrent tumultueux en long fleuve tranquille.

Le chemin indispensable

Enfantements de Tèrah
27. Voici les enfantements de Tèrah:
Tèrah fait enfanter Abrâm, Nahor et Arân,
Arân enfante Lot.
28. Arân meurt face à Tèrah, son père,
en terre de son enfantement à Our-Kasdîm.
29. Abrâm et Nahor prennent pour eux des femmes.
Nom de la femme d'Abrâm: Saraï.
Nom de la femme de Nahor: Milka, fille d'Arân,
le père de Milka et le père d'Iska.
30. Et c'est Saraï: stérile, pour elle pas d'enfanceau.
31. Tèrah prend Abrâm son fils, Lot le fils d'Arân,
le fils de son fils, et Saraï sa bru, la femme d'Abrâm son fils.

Ils sortent avec eux d'Our-Kasdîm pour aller vers la terre de Kena'ân.
Ils viennent jusqu'à Harân et habitent là.
32. Ce sont les jours de Tèrah: deux cent cinq ans.
Tèrah meurt à Harân.

Une nouvelle histoire semble commencer avec Tèrah introduite par la phrase "*Voici les enfantements de Térah.*" Cette histoire s'inscrit dans la continuité de la précédente en reprenant la phrase du verset 26 : "*Tèrah fait enfanter Abrâm, Nahor et Arân.*" Cette phrase est comme la charnière entre les enfantements de Shém et ceux de Tèrah. Une chose frappe dans cette phrase. Alors que précédemment on parlait d'un seul enfant, ici on parle de l'enfantement de trois. Comment ne pas penser aux trois fils d'Adam, Caïn, Ebel et Seth et aux trois fils de Noah, Shém, Hâm et Ièphèt? Des événements importants vont se jouer.

Tout semble bien se passer pour Arân qui enfante Lot. Mais un premier grain de sable arrive : "*Arân meurt face à Térah, son père, en terre de son enfantement à Our Kasdîm.*" C'est la première fois qu'on signale dans le déroulement des enfantements et des morts, si l'on excepte Ebel, qu'un fils meurt avant son père.

Vient ensuite le nom de deux femmes Saraï et Milka. C'est la troisième fois qu'apparaissent des noms de femme après celui de Hava et ceux de Ada et Sila, les deux femmes de Lèmèkh, à la fin des enfantements de Caïn.

La femme de Nahor est Milka, la fille de Arân, donc la propre nièce de Nahor. Les mariages se feraient-il dans la famille la plus proche? N'y aurait-il pas ici une résistance à la dispersion, à la diversité?

La femme de Abram est Saraï. Il n'est pas dit qui est Saraï, seulement "*et c'est Saraï : stérile, pour elle pas d'enfanceau.*" Voilà le second grain de sable, plus important que le premier car la filiation est stoppée, la chaîne est coupée, s'arrête. Abram ne peut faire enfanter. Il n'y a plus de fécondité. L'histoire s'arrête. Jusqu'à maintenant tout semblait se dérouler de façon automatique, parfaite, sans aléas. Le chemin semble dans une impasse. La mort apparaît à une place où elle ne devrait pas être. D'abord, la mort d'un fils, Arân, avant son père Tèrah à l'image de la mort donnée par Caïn. Ensuite l'impossibilité pour Abram de donner la vie, à l'image de la constatation faite par Lèmèkh : " *oui, j'ai tué un homme pour ma blessure, un enfant pour ma plaie.*" Abram ne peut pas être fécond. Lèmèkh lui se rend compte que la vie relationnelle n'a pu surgir, que l'enfant n'est pas né à cette vie relationnelle.

La mort de Arân avant son père Tèrah et la stérilité de Saraï révèlent que la vie transmise de Shém aux fils de Térah est dans une impasse. Est-ce parce que les problèmes sont importants et semblent insolubles que Térah décide de se mettre en chemin? Est-ce pour tenter de les résoudre qu'il décide de partir vers la terre de Kena'an avec ceux qui sont en difficulté, Lot, Saraï et Abram?

L'histoire de Caïn s'était clôturée sur la non vie parce que lui et sa descendance s'étaient arrêtés en chemin. Une histoire peut se terminer, celle de Shém, et une autre s'ouvrir parce que Tèrah se met en route. S'arrêter, c'est mourir, se mettre en chemin, c'est vivre. Se mettre en chemin vers la terre de Kena'an, c'est faire route vers le secret de la vie relationnelle. Ce sont les événements de la vie qui font prendre conscience d'où on se trouve dans la construction de l'identité, de la nécessité de bouger, de se mettre en route, de prendre le chemin. La mort prématurée d'Arân et la stérilité de Saraï permettent cette prise de conscience.

Le chemin s'interrompt à Harân où Lot, Abram et Saraï demeurent avec Tèrah. Tèrah meurt à Harân. Tèrah s'est arrêté en chemin et il meurt là où il s'est arrêté. La situation semble de nouveau être bloquée, dans une impasse. Qui va reprendre le chemin et pourquoi? Pour retrouver le secret, la source de la vie que l'on peut découvrir en terre de Kena'an?

> Si l'on accepte d'ouvrir les yeux, d'entrer dans un chemin d'éducation, d'affronter la réalité, les crises peuvent être nombreuses. Mais la crise, quand elle est comprise et acceptée positivement, peut devenir chemin de croissance.
>
> Les moments difficiles de la séparation, les conflits avec les copains ou les éducateurs, les échecs à l'école ou même le renvoi définitif peuvent être l'occasion de découvrir une réalité, de nommer les difficultés, de découvrir les blessures, de mettre le doigt sur des points faibles voire des mensonges, des tricheries. La prise de distance, la réflexion dans le dialogue, l'évaluation voire le jugement permettent de réorienter le chemin, de réajuster les relations, de revoir sa position, de s'engager dans un nouveau défi.
>
> La crise est une étape indispensable sur le chemin de croissance, sur l'avènement de la personne, dans le processus d'éducation. Les moments de crise nous empêchent de vivre sur nos lauriers. Elles nous rappellent que le chemin continue, que la vie se poursuit, qu'il faut sans cesse réajuster dans le sens du souffle sacré car comme le dit la chanson : *"tout homme est une histoire sacrée"*.

8. LIRE LA BIBLE AUTREMENT

Lecture symbolique

J'appelle "méthode de lecture symbolique" la méthode de lecture de la bible à la base de la rédaction de ce livre. Cette méthode se veut fidèle à la méthode d'écriture dans laquelle la plupart des textes bibliques ont été écrits et que j'appelle "méthode d'écriture symbolique". Dans la mesure où le dialogue entre la lecture et l'écriture se situe dans un même registre, il peut devenir davantage pertinent et fécond.
Qu'est-ce que cette méthode de lecture et d'écriture symbolique?

Symbole

Je retiens la définition du mot symbole dans le Petit Robert : "*du latin classique : symbolus_"signe de reconnaissance", du grec "sumbolon", objet coupé en deux constituant un signe de reconnaissance quand les porteurs pouvaient assembler "sumbalein" les deux morceaux*".

A l'origine de ce signe de reconnaissance, il y a une expérience particulière commune vécue entre deux personnes que celles-ci veulent garder au-delà de la séparation. Même si les personnes ont changé et sont devenues autres, le souvenir de cette expérience et la confirmation par les parties rassemblées de l'objet sont garants de la reconnaissance des personnes et de l'expérience commune.

La lecture symbolique vise à lire un « objet », une image, un mot, un texte… comme un signe de reconnaissance entre deux personnes, voire plusieurs. Dans le cas de la lecture de la bible, « l'objet » est le plus souvent un récit de vie.

L'objet coupé en deux, le récit de vie coupé en deux, est le récit écrit par l'auteur et celui lu par le lecteur. Entre les deux il y a une distance qui peut être considérable par exemple en fonction du contexte culturel de l'un et de l'autre, en fonction des événements différents vécus. C'est avec une expérience différente que l'auteur écrit le récit et que le lecteur le lit. En ce sens, il y a deux ou plusieurs morceaux "d'objet", de texte

Les morceaux peuvent être rassemblés et les textes différents peuvent devenir un seul texte. Un seul texte qui fait référence à une expérience commune vécue par chacun des porteurs des morceaux. Cette expérience commune est l'expérience humaine fondamentale que chaque personne vit, l'auteur comme le lecteur.

Pour que la reconnaissance entre les personnes soit possible, il faut à la fois prendre conscience de la différence entre les personnes et de leur point commun. Beaucoup d'obstacles se dressent aujourd'hui qui rendent la reconnaissance difficile.

Difficultés de la reconnaissance

Une première difficulté est que souvent l'auteur a écrit son récit de façon symbolique et que le lecteur ne le lit pas de cette façon. Écrire de façon symbolique, c'est privilégier la transmission d'une expérience, d'une relation entre des personnes, des sujets, au moyen d'un récit. On veut transmettre quelque chose de subjectif, c'est-à-dire de l'ordre des sujets. Le récit n'est que le moyen, l'objet (objectif) au service de la transmission d'une expérience (subjective), au service du sens que l'on veut donner d'une relation entre des sujets.

Avec le développement de la méthode scientifique et sa dominance presque totale, l'objectivité est privilégiée tant dans l'écriture que dans la lecture. Il faut viser la vérité objective. Celle-ci devient "la vérité". Ainsi dans un récit, la vérité à respecter est la vérité historique, celle des faits. La vérité subjective n'est qu'une vérité de second ordre, voire une non vérité si elle prend ses distances avec la vérité historique. Combien de textes valsent à la poubelle parce qu'on y découvre des erreurs historiques ou scientifiques. Le récit doit relater des événements objectifs. Si on veut raconter, dire les relations, on écrira alors un texte théorique, abstrait.

Pourtant des pans entiers de notre vie sont du domaine subjectif et s'expriment par exemple à travers les romans, les films, la poésie, la vie privée, la publicité, la politique, les relations interpersonnelles ou collectives... Et là, si nous n'avons que la méthode de lecture scientifique, nous sommes souvent démunis, nous avons l'impression d'être impuissants pour comprendre et expliquer « la vérité » de ces domaines relationnels.

La méthode de lecture symbolique peut assumer les avancées apportées par la méthode scientifique en reconnaissant la "vérité objective" mais aussi se libérer des excès de la science en reconnaissant la valeur de la "vérité subjective".

Une deuxième difficulté est aujourd'hui la multitude de points de repère différents, voire contradictoires. La science nous a orientés vers "une" vérité, la vérité scientifique. Elle a pris le relais des grandes religions ou des grandes idéologies qui privilégiaient aussi une vérité, la vérité dogmatique. Elle est appuyée par une économie libérale mondialisée qui impose elle aussi sa vérité, la vérité du marché, mélange de la vérité scientifique et de la vérité dogmatique. Dans ces types de vérité "objective", les mots ont un sens très précis.

A côté de cela, la vie a explosé en vérités multiples, parcellaires, contradictoires, isolées, subjectives. Il est très difficile de mettre du lien entre des vérités éclatées parce que les mots revêtent des sens multiples. Le risque est alors de se réfugier dans le subjectivisme, la vie privée ou la liberté individuelle.

Lecture symbolique de la bible

La méthode de lecture symbolique de la bible s'appuie sur la conviction que l'écriture de la bible ne vise pas à dire "une" ou "la" vérité objective, scientifique, mais veut exprimer "une" ou "la" vérité subjective des relations entre les personnes. Elle veut dire le sens d'une relation. Elle se veut parole de croyant, parole de vivant.

Si on lit la bible avec une méthode de lecture scientifique, matérialiste, on peut certes découvrir une vérité sur l'objectivité des éléments matériels utilisés pour construire le récit, mais on ne peut découvrir le sens de la relation que vise l'écriture du récit. En quelque sorte on trahit le projet des auteurs de la bible si on en reste à cette lecture.

Par exemple on peut découvrir que le pain « eucharistique » est fait de farine, avec ou sans levure, cuit de telle ou telle façon, qu'il est partagé dans tel cadre... mais on ne peut y découvrir Jésus, le pain descendu du ciel pour que nous ayons la vie.

La lecture symbolique de la bible veut nous introduire dans la rencontre des personnes, pour qu'elles y découvrent un chemin d'avènement et de vie. La lecture et le partage deviennent alors chemin de reconnaissance, de re-con-naissance, que ce soit en Dieu dans la trinité ou entre nous, entre les uns et les autres.

Quelques repères pour un chemin de lecture symbolique

- Privilégier la lecture d'un récit de vie parce que chacun de nous expérimente la vie et peut en faire un récit. Il y a un point commun entre l'auteur du texte et les lecteurs, c'est que chacun est expert de sa propre expérience et donc du récit qu'il peut en faire.
- Privilégier la lecture à plusieurs pour éviter de se laisser enfermer dans une lecture duelle et pour faciliter l'ouverture au dialogue et donc à l'interprétation par le regard critique, à la fois de mise à distance et de rapprochement entre les récits de vie de chacun, entre les expériences subjectives.
- Après une première lecture du texte, oser exprimer les émotions, les sentiments, les questions même celles qui semblent farfelues, idiotes, impertinentes. Nos premières réactions viennent de nos sens et s'imposent à nous. Elles expriment une première vérité de ce qui se passe entre le texte et nous. Dans un second temps la raison permet la prise de recul et de distance. Les deux éléments sont importants pour ouvrir un espace ajusté à la production d'une relation porteuse de vie et de croissance.
- Il est important que l'animation de la parole dans le groupe soit attentive à travailler la relation des personnes et du texte et non travailler la personne ou le sujet. Le lieu du travail, des échanges, est l'espace ouvert entre les "porteurs des morceaux de l'objet" et non les porteurs eux-mêmes. En ce sens l'espace ouvert entre les lecteurs et le texte et les lecteurs entre eux est le lieu même du travail.
- Respecter le texte en nous interdisant de l'envahir en y projetant nos propres vérités. Nous serions alors en dialogue avec nous-mêmes et non en dialogue avec un autre. Nous supprimerions l'altérité du texte et donc de son auteur. La question est : qu'est-ce qui dans le texte permet de comprendre? Quelle interprétation nous autorise-t-il? Le texte doit résister. Chaque participant est l'avocat du texte en faisant respecter la règle de l'altérité.
- Le contenu, la "vérité", le fruit de la lecture est le résultat d'un travail à plusieurs à partir de la propre expertise de chacun. Chaque participant est expert du contenu qu'il apporte. L'animateur est expert au service de la méthode pour que le groupe devienne expert au niveau de la recherche.
- L'intérêt de la méthode et du travail effectué se vérifie par le souffle découvert, gagné, retrouvé et par la capacité à augmenter l'esprit de mise en œuvre et de créativité. Dans la démarche vers la créativité, il y a souvent, si pas toujours, un temps de déconstruction avant de passer à un temps de reconstruction. Ce temps

de déconstruction peut apparaître comme une période de perte de souffle. Il est important de veiller à ce que chaque période de déconstruction soit suivie d'un temps de reconstruction.
- Dans un second temps <u>l'évaluation est la capacité ou non d'écrire nos propres récits de vie,</u> par exemple sur papier, seul ou à plusieurs, mais aussi de construire et d'inventer des attitudes, des expériences, des projets dans la vie qui soient porteurs de vie, de souffle... pour soi et autour de soi.
- La "vérité" de la méthode est dans le respect des règles de fonctionnement mais surtout en aval, dans ce qu'elle produit. Elle rejoint le dicton : "on reconnaît l'arbre à ses fruits".

<u>Cadre de vie et de réflexion</u>

Aujourd'hui, la méthode de lecture et d'écriture symbolique est devenue pour moi une méthode travaillée de façon plus ou moins formelle dans différents groupes, qu'ils aient pour objet la bible ou non. Elle est surtout devenue une sorte de réflexe, une façon de faire qui m'habite dans les différentes activités et attitudes de la vie quotidienne.

Quel est le chemin qui m'a mené jusqu'ici. Je vais essayer de donner simplement quelques points de repère qui me semblent déterminants.

Aussi loin que remontent mes souvenirs, la vie de famille a toujours été un moment de dialogue important. Les convictions de mes parents, qu'elles soient religieuses, sociales ou politiques étaient toujours en lien avec la vie concrète des personnes. Bien que fortes, les valeurs étaient toujours au service de la rencontre des personnes et de la vie quotidienne. Pour moi, enfant, et pour mes sœurs, il y avait des valeurs à respecter, des tâches et des devoirs à accomplir mais aussi ce que je pourrais appeler des droits, le plus important étant celui d'être respecté et considéré comme une personne. Il y avait la distance mise par les règles à respecter mais aussi la proximité voire la complicité. Un mixte, un dialogue intéressant pouvant aller parfois jusqu'à l'opposition voire le conflit, mais que j'ai toujours vécu pour moi comme un dialogue d'amour respectant la liberté de la personne.

Dans mon rapport à l'école et à l'enseignement, mes capacités intellectuelles facilitant l'apprentissage, m'ont permis de garder une certaine distance, une forme de liberté par rapport à ce que l'on m'enseignait. L'école n'était qu'une partie de la vie. D'autres parties me semblaient plus importantes, voire plus passionnantes : la vie de famille, les activités partagées avec maman ou papa, ou mes sœurs, les engagements dans les mouvements de jeunes, la lecture de livres que je dévorais avidement.

Les difficultés avec l'école sont devenues importantes quand j'ai eu l'impression que les matières enseignées entraient en concurrence déloyale avec les autres domaines de la vie. A la fin de mes humanités, je n'aimais plus l'école, je ne voulais pas poursuivre des études. Elles étaient trop loin de ce que je trouvais important et passionnant dans la vie.

Alors, j'ai fait un choix de vie non pas orienté vers les études mais orienté vers un engagement de vie, à la fois loin de la vie habituelle des gens, je suis entré au noviciat chez les salésiens de Don Bosco, et en même temps proche de la vie réelle des personnes, surtout des jeunes, car c'est ce que j'avais expérimenté dans la fréquentation des salésiens et dans la découverte de Don Bosco.

C'était à la fois un engagement fort et sincère dans une communauté très structurée et une prise de distance et de recul indispensable car je voulais surtout rester moi-même. Le parcours de mes études avait favorisé ce cheminement en "tension" ou en "différence", dans la mesure où j'avais effectué la première partie de mes études pendant trois ans dans l'enseignement libre chez les salésiens et la seconde partie pendant quatre ans dans l'enseignement officiel à l'athénée royal. Ce choix était un peu forcé par la situation des écoles et de la famille, mais pleinement assumé par mes parents et par moi-même.

Mon parcours dans la vie religieuse salésienne, dès le début, a coïncidé avec une période de perturbation et de changement dans la société, dans l'Église et dans la congrégation. Très concrètement il s'est réalisé de façon particulière et originale. J'ai commencé le noviciat un mois après les autres et je l'ai donc terminé un mois après parce que les supérieurs n'ont découvert que tardivement que je ne venais pas directement d'une école de Don Bosco mais de l'athénée royal. Ils m'ont donc demandé de faire un mois de postulat avant de rejoindre le noviciat.

Le concile était terminé depuis peu et des changements commençaient à se dessiner concrètement. Par exemple, la prise de soutane devait avoir lieu au mois de février mais elle a été postposée. Est arrivé mai 68. Le château de Dormans en France où s'effectuait le noviciat s'est davantage ouvert. Nous allions rencontrer les ouvriers grévistes qui faisaient le piquet de grève à l'entrée de leur usine de l'autre côté des grilles du château. Nous pouvions regarder le journal télévisé tous les soirs et plus seulement le week-end pour suivre les événements. Avec un peu de retard, le noviciat a fait son mois de mai au mois de juillet : de la contestation, des assemblées, de la réflexion, des changements… A la fin du noviciat, les novices mangeaient à la même table que les pères et nous avons reçu un costume au lieu d'une soutane : deux signes d'un changement qui allait s'amplifier et s'approfondir.

Le concile, mai 68 et la diminution du nombre de salésiens en formation étaient aussi passés par le scolasticat de philosophie que je devais rejoindre après le noviciat. La maison fermait ses portes juste au moment où je devais y entrer. Il n'y avait pas de solution organisée pour les études et j'ai rejoint l'école de Tournai où je me suis retrouvé animateur d'internat et professeur de religion et d'actualité des petits maçons pour la première année de triennat de stage pratique.

La réalité de la vie concrète auprès de jeunes en difficulté et un cadre ouvert de réflexion et d'étude, n'allaient plus me quitter.

La solution trouvée l'année suivante pour accomplir mes études de philosophie était le logement en communauté dans trois petites maisons jumelles dans une cité à Strasbourg avec les études du premier cycle à la faculté de théologie. La présence à l'université de toutes sortes d'étudiants, ceux en théologie venus d'horizons multiples, diocèses, congrégation, parcours lourds, certains revenaient de la guerre d'Algérie, la vie en petite communauté dans un quartier populaire, l'engagement avec toute une équipe d'étudiants dans une cité regroupant essentiellement des personnes du quart monde avec le mouvement Aide à Toute Détresse... permettaient un vrai bouillon de cultures, de dialogues, d'échanges, de réflexions... toujours en lien avec la vie concrète des personnes.

Ces deux années passées à Strasbourg, dans un milieu universitaire, en gardant le contact avec la vie concrète des personnes, particulièrement du quart-monde, ont ravivé mon goût pour les études. Aussi, lorsque je suis revenu en Belgique pour effectuer les deux années restantes du stage pratique, j'ai demandé de suivre en même temps des cours de sociologie à l'université. Je partageais mon temps entre la vie quotidienne avec les jeunes en difficulté de la maison de Blandain et celle des cours à l'université de Lille. La réflexion et la vie s'alimentaient de l'un et l'autre lieu dans une interaction féconde.

Jusqu'à aujourd'hui, je n'allais plus quitter la vie d'éducateur, partagée avec les jeunes en difficulté, dans le travail salarié d'une maison d'accueil de l'Aide à la Jeunesse, en équipe, en dialogue avec un travail de réflexion et de prise de recul.

Après la licence de sociologie et le mémoire de fin d'étude effectué à partir des "jeunes placés en institution", la réflexion et la prise de distance se sont faites aussi par le travail comme objecteur de conscience avec une équipe travaillant à la rééducation fonctionnelle d'enfants et adolescents pendant vingt mois, puis par trois ans d'études de théologie au Centre d'Etudes Théologiques et Pastorales du diocèse de Bruxelles. La création d'un groupe de réflexion et d'étude avec les salésiens en formation sur la pédagogie et la spiritualité de Don Bosco, sur les différents engagements pastoraux comme religieux salésien et sur la vie en communauté alimentait aussi le dialogue et la "parole".

En début de dernière année de théologie, je recevais l'ordination sacerdotale. Mon ministère allait s'exercer dans le sens déjà bien entamé de dialogue et de mise en lien pour donner vie à la "parole".

Concrètement, le lieu de mon engagement comme religieux prêtre de Don Bosco est la vie partagée en communauté religieuse et en équipe éducative avec les jeunes en difficulté, ceux habitant le "Centre de Jeunes Don Bosco", ceux du quartier fréquentant la maison de Jeunes "Le Château", et les voisins, amis, partageant cette vie de près ou de loin. Dans cette vie et ce travail, quelques lieux particuliers me semblent essentiels.

La vie partagée est d'abord la vie quotidienne avec les jeunes. Ils habitent les chambres voisines de la mienne. Nous partageons les mêmes repas, vivons le plus souvent les mêmes loisirs, s'engageant dans des mêmes projets d'aventures comme les camps de vacances ou les camps chantiers au Rwanda. Ensemble, nous aménageons et embellissons la maison à travers un travail manuel, nous vivons et faisons évoluer au fil des jours le projet éducatif, prenant distance et réflexion dans les entretiens à bâtons rompus, dans les rencontres individuelles organisées régulièrement ou encore dans les réunions fréquentes des jeunes avec l'équipe éducative.

La vie de communauté dont le nombre de confrères a évolué au fil des années entre deux et quatre personnes se nourrit du travail partagé ensemble dans un même projet éducatif et d'une prise de recul et de ressourcement à travers la liturgie journalière souvent vécue sous forme de réflexion à partir de textes divers et de façon plus particulière dans des groupes élargis, à d'autres religieux salésiens, à des prêtres du diocèse, des religieuses, des laïcs engagés. Je retiens particulièrement les récollections d'Angreau, une journée par mois, où nous lisons un livre de la bible. Au début, nous travaillions le texte le matin, surtout à partir de la méthode de lecture "historico critique" et l'après-midi nous en faisions l'actualisation pour notre vie d'aujourd'hui. Au fil des années, les deux démarches se sont mélangées en une seule où nous lisons le texte à partir de notre vie et où nous lisons notre vie à partir du texte.

Dans la vie en équipe éducative, nous essayons de vivre entre nous et avec les jeunes les valeurs communes définies dans le projet éducatif. Il n'est pas facile de vivre dans les multiples détails de la vie quotidienne des valeurs communes parfois assez éloignées des valeurs et des habitudes individuelles de chacun. Les réunions hebdomadaires de l'équipe sont là pour prendre du recul par rapport à nos pratiques de vie quotidienne, dans la recherche d'une cohérence commune et le respect d'une diversité nécessaire. Trois week-ends de formation par an, dans un groupe ouvert à d'autres, enseignants, parents..., nous essayons de travailler davantage la prise de distance, en profondeur... dans une démarche qui a évolué au fil des années et qui se vit actuellement dans l'écriture à plusieurs d'un récit de vie, sous forme d'un dialogue entre trois ou quatre personnages choisis et dans la lecture d'un récit de la vie de Don Bosco et d'un autre issu d'un livre de la bible.

Je signale aussi la messe du dimanche, dans la petite chapelle de la maison qui rassemble le plus souvent entre trois et dix personnes : des jeunes, des voisins, des amis de la maison. Cette messe est surtout un partage à partir de la vie et des textes du jour.

Dans tous ces moments de vie, j'ai rarement été en situation d'enseignant chargé de faire passer "la bonne parole" mais plutôt en situation de participant et d'animateur d'une démarche de recherche avec d'autres, liée à la vie concrète.

Quelques étapes marquantes

Le chemin vers "la lecture et l'écriture symbolique" s'est aussi fait à travers quelques étapes marquantes à l'occasion de la lecture de livres significatifs. Je ne veux pas faire ici un résumé de ces livres, voire en dégager les éléments les plus importants. Je voudrais simplement dire en quoi j'y ai découvert des points de repère qui ont orienté significativement ma démarche.

Je relève d'abord le livre de <u>Marie Balmary, "La divine origine".</u> Pour Marie Balmary, le plus souvent, comme chrétien, nous croyons davantage au Dieu induit par le serpent qu'à celui vécu par Jésus Christ. Comment entendre et comprendre cette parole alors que depuis deux mille ans, en Église, nous voulons croire au Dieu de Jésus et nous sommes persuadés, au moins au niveau de la vérité sur Dieu, d'être disciples de Jésus Christ? Si nous entendons la parole de Marie Balmary, la question se creuse. Qui est ce Dieu du serpent auquel nous croyons, et qui est ce Dieu de Jésus Christ auquel nous n'arrivons pas à croire?

Pour le serpent, Dieu mange du fruit de l'arbre de la connaissance du bien et du mal. Dieu connaît le bien et le mal. Il ne veut pas que l'homme soit comme lui. Voilà pourquoi il interdit de manger de cet arbre. Effectivement, nous croyons qu'il y a entre Dieu et nous une différence fondamentale, ontologique, au point qu'aujourd'hui, nous l'appelons le "Tout autre" par exemple ou encore que nous pensons que la pire des choses qu'il puisse arriver c'est qu'un homme se prenne pour Dieu, comme nous l'ont montré les dictateurs.

Pourtant Jésus ne nous a-t-il pas dit "*Aimez-vous les uns les autres comme je vous ai aimés*" ou mieux encore "*Soyez parfaits comme votre père céleste est parfait*"? Si nous acceptons de croire, comme je le crois à la suite de Marie Balmary, que Dieu, en nous donnant l'interdit de manger du fruit de l'arbre de la connaissance du bien et du mal, nous donne la propre règle, la propre loi, la propre dynamique de son amour, de sa perfection, de sa vie, les phrases de Jésus deviennent lumineuses et à la portée de notre réalisation. Dieu n'est plus alors le tout puissant ou le tout autre. Le père n'est plus père dictateur ou à l'inverse papa gâteau. La porte s'ouvre en grand pour partir à la recherche, à la rencontre du Dieu de Jésus, et entrer en relation avec notre père, notre frère, notre inspirateur, le Dieu trinité.

<u>"Une année Sisyphe" de Edgar Morin</u> a été pour moi, source de révélation. A l'époque, depuis longtemps, Edgar Morin était un de mes auteurs favoris. Il était classé comme sociologue et j'avais fait des études de sociologie. Il se démarquait de la sociologie classique au point d'être devenu inclassable selon les catégories habituelles. Je me retrouvais assez bien dans cette position. La pensée complexe qu'il développait me semblait une approche et un chemin extrêmement pertinent pour aborder les questions essentielles qui se posent aujourd'hui. Je m'étais plongé dans la lecture de ses premiers livres sur "la méthode" qui allaient comprendre six volumes. La lecture en était pour moi difficile et j'éprouvais un peu la même sensation que celle vécue en sociologie lorsque la recherche essayait de mettre en lien plusieurs facteurs. A partir d'un certain nombre de facteurs, assez rapidement atteint, l'étude devenait trop compliquée et l'on pouvait s'y noyer. Pour Edgar Morin, la pensée complexe n'est pas quelque chose de compliqué et on ne doit pas s'y noyer mais au contraire s'y libérer de toutes les impasses dans lesquelles nous ont conduit la pensée simplificatrice et disjointe.

Dans une année Sisyphe, Edgar met du lien entre les différents aspects et domaines de sa vie. Il en revient à la vie humaine, à la vie des personnes sans en isoler l'une ou l'autre dimension mais en y mettant toujours du lien. En lisant, je découvrais un peu la même expérience que celle vécue à l'école, en humanité, lors de l'apprentissage à l'écriture des premières dissertations. Le professeur nous avait donné un cours théorique sur la méthode et le contenu nécessaire pour une bonne dissertation. Je m'appliquais à écrire en respectant les différentes règles et conseils reçus. C'était un travail fastidieux récompensé par des notes d'échec. Jusqu'au jour où, lassé, je me suis mis à écrire comme je pensais. Tout à coup les notes sont devenues bonnes et je me suis mis à prendre du plaisir à écrire.

Finalement, la pensée complexe se veut un outil pertinent pour aborder les problèmes de la vie. La vie elle-même est complexe... et la vie des personnes et entre les personnes est le chemin le plus efficace de la pensée complexe. Les anciens avaient peut-être déjà trouvé cet outil pour répondre aux problèmes de vie rencontrés. La bible est peut-être un outil pertinent, un exemple de pensée complexe comme elle semble l'avoir été quand elle se présentait comme bonne nouvelle pour tant de générations.

Je découvrais une confirmation, à partir des livres d'Edgar Morin, concernant la méthode de lecture et d'écriture : lire la bible à partir de la vie et lire la vie à partir de la bible.

Le livre de Didier Dumas, "La bible et ses fantômes" est une lecture des premiers chapitres de la bible, dans la traduction de Chouraqui, à partir de son expérience de psychanalyste. Il y découvre les avancées les plus récentes de la psychanalyse en particulier celles de la psychanalyse intergénérationnelle. Ainsi donc, nous pouvons lire la bible comme un livre de sciences humaines dont nul "savant" aujourd'hui n'aurait à rougir? Nous pouvons lire la bible comme l'histoire fondamentale de l'expérience humaine et donc de notre propre expérience? La porte s'ouvre ici en grand pour partir à la recherche, à la rencontre de l'homme, de l'humain, de moi-même, de l'autre, à partir de ma propre expérience, en dialogue avec celle des autres. Pour cela, il faut essayer de se libérer au maximum des interprétations secondes qui habillent les différentes traductions de la bible. En ce sens, la traduction de Chouraqui est à privilégier pour ceux qui ne peuvent accéder directement au texte original.

Marie Abdon Santaner est un capucin bien âgé quand il écrit son livre au titre étonnant : "Le ver était dans le fruit. Dégénérescence du Christianisme." Pour lui, il n'est pas étonnant que le christianisme ne fasse plus recette, que les églises se vident, que les gens ne comprennent pas. L'Eglise s'est trompée de chemin lorsque la foi est devenue un objet et que l'objet de la foi est devenu la doctrine alors que la foi est d'abord et avant tout une relation entre des personnes. Le christianisme est devenu matérialiste alors qu'il est relationnel. Il est devenu chemin de mort en déplaçant le centre de gravité des sujets vers des objets. Il ne peut redevenir chemin de vie qu'en redevenant chemin de relations de confiance entre des sujets.

Alors relisons la bible comme chemin de rencontre des personnes, comme découverte de l'autre, des autres et de soi-même, en relation.

<u>André Chouraqui</u> dans son livre "<u>Accepter l'Autre en sa différence</u>" publié en 2013, reprenant une conférence prononcée en 1995 pose cette question fondamentale : Comment se fait-il que l'histoire de la cohabitation des trois familles de la descendance d'Abraham, le judaïsme, le christianisme et l'islam, ait si souvent été dramatique, voire tragique. Cela est vrai aussi à l'intérieur de chaque famille. Il y voit une origine lorsque les rabbins juifs d'Alexandrie, les Septante, ont traduit les mots hébreux IHVH-Adonaï Elohims par les mots grecs Kurios Theos, en français Seigneur Dieu. "*Simplement en changeant le nom d'IHVH-Adonaï, qu'on le veuille ou non, inconsciemment on a rattaché à ce nom de Kurios Theos, tous les mythes du monde hellénistique.*" Le Dieu de la bible qui était le Dieu de la parole, du dialogue, le Dieu au nom imprononçable, est devenu le Dieu de la toute puissance, de la vérité, le seul Dieu. "*L'opposition vient de cette idée que s'il n'y a qu'un Dieu, c'est forcément le mien. Chacun de nous peut dire, "c'est le mien" et si c'est le tien et pas le mien, comme Dieu c'est l'absolu, il n'y a qu'une solution : c'est de nous confronter.*" Pour Chouraqui, ce Dieu n'est pas celui de la bible.

Nous pouvons donc partir à la rencontre de celui-ci, à sa recherche à nouveaux frais. Et si nous avons du mal à mettre une définition sur les mots IHVH et Elohîms, nous sommes sur la bonne route. Laissons ces mots sans définition, sans étiquette, laissons les libres et vivants. N'en faisons pas des idoles. Nous avons bien d'autres mots relationnels pour nous adresser à celui ou ceux qu'ils représentent : Père, Jésus, Esprit saint…

Bibliographie

Marie Balmary. "La divine origine", Editions Grasset, 1993
Edgar Morin. "Une année Sisyphe", Editions du Seuil, 1995
Didier Dumas. "La bible et ses fantômes", Editions Desclée de Brouwer, 2001.
Marie Abdon Santaner. "Le ver était dans le fruit. Un christianisme en dégénérescence", Editions du Cerf, 2008
Christian de Duve. "De Jésus à Jésus en passant par Darwin", Editions Odile Jacob, 2011
André Chouraqui. "Accepter l'Autre en sa différence", Editions Desclée de Brouwer, 2013

Autres livres de Pierre Dessy.
"La nudité de Dieu", Editions Mols, 2004
"Un bout de chemin avec des jeunes", Editions Don Bosco, 2001

Table des matières

1. INTRODUCTION 3
2. LA PERVERSION DES IDENTITES 6
   Un enfant mal situé par ses parents 6
   Un homme et une femme mal situés par la transgression de l'interdit 14
   Le serpent et la perversion de la parole 19
   Le serpent et l'usurpation de l'identité 21
3. LES IDENTITES DIFFERENCIEES 28
   L'arbre de vie et l'arbre de la connaissance : symboles de deux identités 28
   Elohims : l'identité matérielle, biologique 29
   L'histoire ou notre histoire 36
   IHVH-Adonaï Elohîms : l'identité de l'homme et de la femme, l'identité relationnelle ... 38
   IHVH-Adonaï : l'identité de la personne 43
   La confusion des identités 45
4. LA VIE OU LA MORT 53
   L'identité face à la réalité 53
   La mort relationnelle entraîne la mort matérielle 55
   Punition, connaissance des conséquences, chemin de reconstruction 57
   Le non chemin entraîne la mort 59
5. CRIER LE NOM : LA VIE RELATIONNELLE PAR LA RECONNAISSANCE 64
   L'identité relationnelle, personnelle : crier le nom 64
   L'identité générique : des fils et des filles 66
6. UNE NOUVELLE MATRICE POUR UNE NOUVELLE CREATION 71
   Le déluge, une punition? 71
   Un chemin de re-création 77
   Le sens symbolique des chiffres 81
   Un nouveau départ 86
   Évaluation et décision 89
   Un nouveau pacte 92
7. LE SECRET DE LA VIE 98
   Voir ou ne pas voir? 98
   La différence pour exister 104
   L'illusion de l'uniformité 108
   La croix, nouvel arbre de vie 113

L'agneau, symbole de reconnaissance..*116*
Un long fleuve tranquille..*119*
Le chemin indispensable..*122*
8.LIRE LA BIBLE AUTREMENT..*125*
Lecture symbolique..*125*
Cadre de vie et de réflexion..*128*
Quelques étapes marquantes..*131*
Bibliographie..*135*

Oui, je veux morebooks!

i want morebooks!

Buy your books fast and straightforward online - at one of world's fastest growing online book stores! Environmentally sound due to Print-on-Demand technologies.

Buy your books online at
www.get-morebooks.com

Achetez vos livres en ligne, vite et bien, sur l'une des librairies en ligne les plus performantes au monde!
En protégeant nos ressources et notre environnement grâce à l'impression à la demande.

La librairie en ligne pour acheter plus vite
www.morebooks.fr

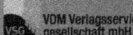 VDM Verlagsservicegesellschaft mbH
Heinrich-Böcking-Str. 6-8 Telefon: +49 681 3720 174 info@vdm-vsg.de
D - 66121 Saarbrücken   Telefax: +49 681 3720 1749 www.vdm-vsg.de

www.ingramcontent.com/pod-product-compliance
Lightning Source LLC
Chambersburg PA
CBHW031316150426
43191CB00005B/250